Karl Otto Mühl · Stehcafé

Karl Otto Mühl

Stehcafé

Geschichten

NordPark

Originalausgabe

2010

Gesetzt in der Minion
Umschlagfoto: Frank Becker
Umschlaggestaltung: MCG, Luzern/Berlin
Herstellung: Books on Demand GmbH, Norderstedt
Printed in Germany
ISBN 978-3-935421-57-7

NordPark Verlag · Klingelholl 53 · D 42281 Wuppertal
Besuchen Sie uns auch unter *www.nordpark-verlag.de*

Inhalt

Sonntagmorgen im Stehcafé 9

Sonntagmorgen und der Verzicht auf Kapitalismus 14

Sonntagmorgen mit stillem Gedenken 18

Sonntagmorgen mit Lustgewinn aus Leiden 20

Montagmorgen unter echten Männern 22

Dienstagmorgen mit einem, der nicht den Mut verlor 25

Mittwochmorgen mit einem geschiedenen Mann 30

Donnerstagmorgen mit einem Zufriedenen 32

Sonntagmorgen mit Witwer 35

Sonntagmorgen mit Telefonanruf 39

Anruf einer Einsamen 42

Sonntagnachmittag mit Alter Bergbahn 44

Morgenkaffee im schwarzen Anzug 48

Sonntagnachmittag mit Belehrung durch Hunde 53

Sonntagnachmittag und der Deutsche Kaiser 55

Ein Morgen bei Eheleuten 60

Ein Morgen mit Wartezimmer 63

Nachmittag bei Wachkoma 66

Sonntagmorgen im Schwimmbad 69

Sonntagmorgen mit Tiefgang, Frauenfiguren und
Kuh im Garten 74
Sonntagmorgen mit psych. Beratung 79
Morgen und anschließende Missverständnisse 83
Donnerstagvormittag mit Hinweis auf Mogadischu 88
Sonntagabend und ein Brief, und wie David starb 92
Sonntagmorgen mit Donnerschlag 95
Montagmorgen mit leichtem Knie 99
Morgen im Herbst 105
Wintermorgen mit Schwimm-Fantasien 108
Ein herrlicher Samstagmorgen 114
Morgen mit Sauna 117
Sonntagmorgen mit glücklicher Verkäuferin 121
Morgen mit Liebeserlebnis 125
Morgen voller Leere 128

Biographie 133

Hinweis: Waldluft und Anstrengung berauschen eben. Nicht alle Bäckerinnen sehen so aus und sind so, wie sie hier von einem erhitzten Waldläufer beschrieben werden.

Sonntagmorgen
im Stehcafé

Der Sonntagmorgen, ich meine, der stille, der menschenleere, auch möglichst sonnige, er verdient alle Aufmerksamkeit.
Viele werden freilich jetzt noch schlafen, sie merken nichts von ihm.

Wir früh Aufgestandenen jedoch erleben eine Welt, in der auch die Mächte, die uns sonst zu bedrohen scheinen, noch mit eingezogenen Krallen schlafen. Das Autoradio lasse ich stumm.

Wenn es im Autoradio schlechte Nachrichten gibt, sind sie meistens von gestern. Im Übrigen sind Nachrichten fast immer schlecht.

Ich fand den Morgen reich an Eindrücken, als ich zum nahen Wald fuhr. Schon die wenigen Gesichter an den Bushaltestellen verlockten zum Studium: Gepflegte Matronen auf dem Weg zu Verwandten, sie suchen Menschennähe.

Die Bäckerei-Verkäuferin sagt immer: »Nein, ich bin überhaupt nicht allein. Ich habe ja meine Nichte.«

Ein wackerer und friedlich aussehender Wandersmann mit wadenlanger Hose auf dem Weg in den Wald. Vielleicht fand sich einmal ein Mädchen, das es mit ihm versucht hätte, aber er hat sich nicht getraut.

Mir begegnen: Eine dickliche Frau, die mit einem großen, gefährlichen, an der Leine zerrenden Hund kämpft, und überhaupt die friedliche, die stille Welt, von der noch keinerlei Gefahr zu drohen scheint. Es stimmt wohl, dass tagsüber immer etwas passiert.

Oder dass etwas passiert, das einem selbst fast hätte passieren können. Oder, dass jemandem etwas passiert, bei dem wir wissen sollten: »It tolls for you« – die Glocke schlägt auch für dich, immer vorausgesetzt, dass die Menschheit ein mystischer Leib ist.

Der Verstockte, Schweigsame aus dem Nebenhaus, der nie grüßt, hier sehe ich ihn während des Fahrens in Jogging-Kleidung auf dem Gehsteig laufen. Er spricht nie ein Wort, wenn ich ihm sonst begegne. Aber ich hebe sportlich grüßend die Hand, er stockt, kann nicht anders, grüßt zurück. So weit habe ich ihn schon einmal gebracht.

Ich parke den Wagen, trotte los und begegne noch weiteren Menschen.

Ein Afrikaner, gefolgt von einer kleinen, klug aussehenden, bebrillten Frau, vielleicht eine Lehrerin, joggt an mir vorüber; kleine Gruppen von Frauen, nicht mehr ganz jung, aber so immer öfter zu sehen, walken mit ihren Stöcken eilig heran; einzelne Väter rennen vorbei, sie schieben dreirädrige Kinderwagen, die geländegängig sind. Männerblicke folgen niedlichen Radfahrerinnen, die von Begleithunden beschützt werden.

Und dann kommt der ersehnte Augenblick. Ich finde die kleine Bäckerei, die am Sonntagmorgen geöffnet hat, bekomme einen Pott Kaffee und ein belegtes Brötchen. Ich schlürfe gierig meinen Kaffee.

Draußen ist es windig, aber auch sonnig zwischen weißen, rasch segelnden Wolken.

Aus knapper Entfernung sehe ich, wie der Wind die Bäume im Wald beutelt.

Zwischendurch kommt ein laut schreiender alter Mann herein: Er sei Rentner, habe darum keine Zeit, ob seine Frau da wäre, nein, dann müsse sie ihre Brötchen selber holen, Tschüss. Es ist lustig gemeint, wirkt jedoch ziemlich wichtigtuerisch.

Junge Männer und Mädchen in Gauloises-Sonntagskleidung kommen herein, kaufen Brötchen, abgelöst von einem gepflegten Mädchen, süß aussehend, süß plappernd.

Nacheinander zwei etwa achtjährige Jungen, festen Schrittes, offenen Blickes, präzise bestellend, bitte, danke, stimmt genau, Tschüss und einen schönen Sonntag. Mir bleibt der Mund offen stehen. Das hätte ich als Junge nicht gekonnt.

Wo wird man so gemacht? Ich will zurück, noch mal an den Anfang, auch so werden.

Es wird stiller in meiner Steh-Bäckerei. Nur ein Paar mittleren Alters, mehr als nachlässig gekleidet, steht noch draußen an einem Tischchen und trinkt Kaffee.

Sie rauchen – mir wurde so früh immer flau davon, heute lasse ich es schön – und, tut mir leid, ich denke bei ihrem Anblick allerlei:

Ob sie geschiedene Singles sind, frühverrentet, krankgeschrieben, arbeitslos, obdachlos?

Ich weiß, die sehen nicht alle so aus.

Das Drama meiner mageren, blassen, kleinen Stehbäckerin hat inzwischen begonnen, die, welche sonntags immer zu ihrer Nichte geht. Ich sehe sie immer wieder vor die Türe gehen und eine Zigarette anzünden, aber Sekunden später kommt sie mit verzweifeltem Gesichtsausdruck wieder herein – ein Kunde naht. So geht es vier- bis fünfmal.

Schließlich sage ich: »Vielleicht sollten Sie eigentlich nicht rauchen? Wer raucht, ist abhängig. Man lebt ja ständig mit Unlustgefühlen.«

»Ich bin nicht abhängig. Ich kann jederzeit aufhören«, sagt sie trotzig.

»Ich verstehe. Klappt eben nicht so?«

»Wenn ich bei meiner Nichte bin«, ergänzt sie, »dann kann ich es fünf bis sechs Stunden lassen.«

»Das wäre schön, wenn das immer ginge«, sage ich etwas zu hartnäckig.

»Ich kann es nicht leiden, wenn einem Leute andauernd was beibringen wollen. Ich weiß selber, was ich will.«

Ich zweifele nicht daran, ich hätte da ja selber lange Quälereien hinter mir, sage ich mit einem Versuch zur Versöhnung. Aber dazu ist es zu spät.

»Oder solche, die alles besser wissen«, fügt sie schärfer hinzu.

Ich begreife, dass ich längst damit hätte aufhören müssen. Ein weiteres Brötchen scheint notwendig zu sein. Es könnte vielleicht helfen.

»Bitte.«

»Hier.«

»Ist da sonst nicht immer ein Salatblatt auf dem Brötchen?«, frage ich.

»Haben wir heute nicht«, sagt sie kurz angebunden. Ich glaube es zwar nicht, aber ich sehe zu, wie sie wieder mit ihrer Zigarettenschachtel vor die Türe geht. Vom Rauchen werde ich nie mehr mit ihr sprechen.

Sonntagmorgen und der Verzicht auf Kapitalismus

Der Sonntagmorgen schiebt die Vorfrühlingszweige unseres nahen Waldes beiseite und schaut selbstzufrieden in die Runde: Dies alles gehört heute euch.

Die Bäckerin hat vor das Geschäft einen Tisch gestellt, an dem ich meinen Kaffee schlürfe. Selten kommt jemand vorbei, es ist noch früh am Sonntag. Manchmal gehen ältere Frauen, die zur Bushaltestelle wollen, mit Blumen vorbei.

Er hat wirklich alles beschafft, dieser Morgen, weiße Wölkchen, zitternde Schatten auf dem Gehsteig vor dem Haus und – einen Zauberstab für Wilfried.

Wilfried, der an diesem Morgen zu Fuß zur Bäkkerei kommt, er wohnt in der Nähe, will die Sonntagszeitung holen, stellt sich neben mich und bestellt ebenfalls einen Kaffee.

Immer wünscht man sich ja, dass sich die ganze Welt wie ein weites Tor öffnet und dass ein Blumenmeer von Freundlichkeit daraus hervorquillt – wie gesagt, Wilfried Sondermann, der Obsthändler kann dies. Und er versteht die seltene Kunst, oben zu bleiben.

Für die alte Frau Schinz hält er immer eine Schale mit ausgewählten Früchten bereit. Sie steht dann oft eine Weile an seinem Lieferwagen und blickt ihn erfreut an.

Manchen Kunden gibt er Ware zum halben Preis, aber das ist natürlich nicht die Regel, sonst nimmt er normale Preise, er muss ja auch leben, aber Sonderposten, die er vom Großhändler Worring oft günstig bekommt, gibt er auch verbilligt ab, und, wenn trotzdem Gewinn verbleibt, lässt er Worring daran teilhaben, der aber nie den gesamten angebotenen Betrag nimmt, und so haben beide Spaß.

Die beiden verstehen sich gut, und, als Wilfried den Altbau für Hundertzwanzigtausend Euro kaufen wollte, lieh Worring ihm Fünfzigtausend.

Heute morgen, beim Kaffee vor dem Schaufenster der Bäckerei, gesteht mir Wilfried: Worring hat ihm den Betrag nach und nach erlassen. »Lass man gut sein«, hat Worring gesagt. »Nimm et. Ich werd langsam alt. Das letzte Hemd hat keine Taschen.«

Da es wahr ist, obwohl es sonst nur im Märchen vorkommt, habe ich es hier aufgeschrieben. Da ich im Hauptberuf in der Buchhaltung tätig war, habe ich Wilfried gefragt, ob er denn irgendwann sein Geld gezählt hat und darauf aufpasse, denn er komme mir sehr großzügig vor. Vielleicht sei er das zu sehr?

Genau dies behaupte seine Frau auch immer, sagt Wilfried. Oder genauer, habe sie immer behauptet. Aber Lenchen Vogel, die für ihn Steuererklärung und Buchführung erledige, finde, dass er jedes Jahr einen soliden Gewinn ausweise – »Ich weiß nicht, wie das kommt. Aber jetzt krieg ich von dem Haus die Mieten, und der Worring lässt mir vieles billig. Ich hatt` auch so nette Handwerker, der eine nahm fast nix für das Treppenhaus.«

Wilfried hat auch einen Cousin mit einer kleinen Fabrikation von kunstvollen Tapeten, und viele Leute wollen die von Wilfried kaufen, der sie wiederum von seinem Cousin besorgt. Aber auch hier kann er es nicht lassen, sie ab und zu zum Einkaufspreis abzugeben. Gottseidank gebe es viele Leute, die wollten einfach gut bezahlen, also mehr als üblich, und so komme es wieder rein, sagt Wilfried augenzwinkernd.

Während Wilfried in der Zeitung zweifelnd auf die Schlagzeilen schaut, in denen prominente Schauspieler ihre Lebensweisheiten vermitteln, während die Bäckerin im Türeingang steht und den Himmel nach Wetteraussichten überprüft, zwischendurch aber heftig an der Zigarette zieht; während dieser Zeit denke ich über Wilfrieds Lebenshaltung nach. Ich finde, er ist immer fröhlich und, wenn etwas Trauriges erwähnt wird, ist immer noch ein Zug von stiller Freude in seinem Gesicht.

Irgendwann hat er einmal den heiligen Antonius erwähnt, und bei dieser Erinnerung fällt mir der Satz aus der Bibel ein, dem zufolge dem gegeben wird, der gibt. Bloß, man darf sich nicht darauf verlassen, sonst ist das Geheimnis zerstört, denke ich.

Der Himmel duldet keinerlei Berechnung.

Sonntagmorgen
mit stillem Gedenken

Es ist Sommer, aber die Temperatur ist erträglich. Auf den Fußgängerwegen im Wald begegnen mir oder überholen mich sportliche Menschen mit vorgestreckten Köpfen, viele dicke Leute mit und ohne Hund, aber selten im Laufschritt, Verbände von Hausfrauen, die in Breiten füllender Formation vorwärts stürmen, schöne Mädchen in knapper Sportkleidung, auch andere schöne Mädchen mit Schutzhund an der Leine und mit strengem Gesicht, die grüßen nie; Hundebesitzer mit ihren unberechenbaren, bellenden Vierbeinern an der Leine, die bemüht freundlich grüßen, manchmal in Leder gekleidet und in Tarnfarben dahinstiefelnd.

Die alten, vertrauten Bäume schauen mir unbeirrbar entgegen, das grüne Dickicht flüstert Sommerzärtlichkeit, auch die alten, bemoosten, verfaulenden Bäume, Stämme und Stümpfe, sie zeigen Schönheit.

Zehn Minuten entfernt wartet die Bäckerei. Zwei der im Türeingang stehenden, rauchenden Bäckerinnen stehen bereit, bringen Kaffee und Brötchen zum Stehtisch vor dem Schaufenster. An der Theke steht eine alte, gebeugte Frau und verlangt zwei frische Brötchen. Vor dem Geschäft hat sie ihren kleinen Hund angebunden.

In diesem Augenblick nähert sich im strammen Schritt eine ältere, schlanke Frau, die eine Blume in der erhobenen Hand hält. »Die geht zweimal am Tag vorbei«, flüstert die Bäckerin. »Sie geht zum Friedhof, zum Grab ihres Mannes. Er ist vor zehn Jahren gestorben.«

Nicht nur Hunde halten lange am Grab ihres Gefährten aus.

Als die Frau mit der Blume schon vorbei ist, bleibt sie plötzlich stehen, kommt zurück und übergibt schweigend ihre Blume der gekrümmten alten Frau an der Theke. Da gibt es keine Gegenwehr, nur stummes Erstaunen.

Der Sonntagmorgen ist mit mächtigen, bronzenen Glockentönen eingeläutet worden.

Sonntagmorgen
mit Lustgewinn aus Leiden

Am Stehtisch der Bäckerei steht bereits ein Kunde mit einem Becher Kaffee und der Sonntagszeitung, in der er blättert. Auch ich kaufe sie, werde sie der Oma bringen. Sie unterlässt es nie, bissige Bemerkungen über das nichtssagende Geschwätz in der Zeitung zu machen, aber das ist nur ihre offizielle Haltung. Viel deutlicher wird nachher ihr gieriger Blick auf meine Hände verraten, wie sehr sie auf die Sonntagszeitung gewartet hat. Mich wird es freuen, sie mitgebracht zu haben.

Der Kunde am Stehtisch räumt mir bereitwillig einen Platz neben sich ein. Wir beobachten beide einen Endsechziger, der schlurfend hereinkommt. Ein Arm hängt schlaff herab. Er muss einen Schlaganfall gehabt haben. Als er wieder gegangen ist, sagt die Bäckerin: »Ein armer Kerl. Ich sehe ihn schon die ganzen Jahre so. Das wird nichts mehr. Der hat sein Päckchen zu tragen. Seine Frau ist auch krank. Sie ist dement«, sagt die Bäckerin.

»Aber manche haben es noch schwerer«, sagt mein Nebenmann düster. »Wenn Sie wüssten, wie es meiner Tante geht. Ich gehe ständig zu ihr. Die Ärzte haben kaum Hoffnung«.

Aber der Schlaganfall müsse die ganzen Einkäufe die Treppen hoch schleppen, klagt die Bäckerin.

»Aber meinen Neffen, den müssten Sie sehen«, sagt mein Nebenmann. »Die Sorge erdrückt mich. Er raucht wie besessen. In seinem jugendlichen Alter!«

Der Schlaganfall klage auch über den künstlichen Blasenausgang, der schmerze.

»Glauben Sie nur, ich weiß, was Schmerzen sind«, sagt mein Nebenmann. »Wenn Sie mein Knie von innen sehen könnten! Da würden Ihnen die Augen übergehen.«

»Und jetzt soll der arme Mann ein paar Tausend Euro Erschließungskosten an die Stadt zahlen. Nach dreiundzwanzig Jahren. Wo soll er denn das Geld hernehmen?« fügt die Bäckerin hinzu.

»Da sagen Sie etwas!« sagt mein Nebenmann. »Genau da liegt das Problem. Bei uns ist der Abfluss in der Küche verstopft. Können Sie mir sagen, woher ich das Geld nehmen soll, falls ich eines Tages den Rohrreinigungsdienst kommen lassen muss?«

Er schaut die Bäckerin und mich herausfordernd an. Sie und ich blicken einander in schweigendem Einverständnis an.

»Sie haben es wirklich schwer«, sage ich. »Da kann unsereins nicht mit.«

Montagmorgen
unter echten Männern

Heute ist Montag. Ein ganz anderes Gefühl habe ich heute; kein Vergleich zu gestern morgen, als ich auch durch den Wald lief. Sonntags besteht ja immer die Gefahr, dass ich von der Welt vergessen werde.

An Sonntagen bemerkt sie mich nicht, die Welt, ob sie nun im Sonnenlicht schweigt oder ob sie unter Regengüssen versinkt oder den Morgennebel wie eine Decke über den Kopf zieht. Erst in der Bäckerei werde ich schließlich bemerkt.

Es nieselt leicht, der graue Himmel hängt niedrig über dem Wald. Aluminiumsessel und Tischchen stehen regennass vor dem Schaufenster – nur drinnen sind Leute, ein halbes Dutzend Handwerker und Bauarbeiter, die hier ihre Frühstückspause machen.

»Kommen Sie nur herein«, ruft die Bäckerin, die frohgemut zwischen den kraftvollen Männern an dem großzügig dimensionierten Tisch steht. Alle scheinen vergnügt zu sein.

»Für Sie ist genug Platz«, sagt einer.

»Kommen Sie, ich rutsche ein bisschen beiseite.«

Ich blicke misstrauisch. Bin ich hier akzeptiert, ich, der Rentner im Trainingsanzug? Ich versuche einen ersten Kontakt herzustellen: »Ist von der Milch was übrig?«

Klar. Ich kann alles haben. Wird sowieso nicht mehr gebraucht.

»Machen Sie den Innenausbau hier in der Siedlung? Oder die Renovierung?«

Nein. Sie kümmern sich um das Leitungsnetz.

Ein Volltreffer. Ich bin kompetent. Vielleicht pensionierter Ingenieur, werden sie hoffentlich denken, einer mit Praxiserfahrung. Nicht einfach nur Rentner, der morgens im Lesesaal der Stadtbücherei sitzt und etwas über die Herkunft der Azteken heraussucht.

»Hier ist noch Milch«, sagt einer. »Die ist offen.«

So schön selbstverständlich. Nur nicht lächerlich höflich sein.

Sie unterschätzen mich nicht, halten mich nicht etwa für einen verweichlichten Schreibtischmenschen.

Ich stehe zwischen den Muskelmännern in blauen Arbeitshosen mit Trägern, Gurten mit Halftern, in denen Werkzeug – allezeit bereit – hängt, seitlich aus der Hose ragenden Zentimetermaßen, Gummistiefeln, haarigen Handrücken, frischen, blitzenden Blicken. Sie heißen Lothar, Hans, Luigi, Egon, Wimmi und Horst.

Abends sage ich zu meiner Frau: »Kennst du das Berufskleidergeschäft in der Bahnstraße? Da habe ich vorhin Arbeitshosen gesehen, aus Cord. Unverwüstlich, sage ich dir. Gurte mit Werkzeughalfter haben die auch, also praktisch alles. Auch gefütterte Westen. Damit kannst du bei Wind und Wetter überall hin.«

»Hm«, sagt sie. »Hast du denn was Besonderes vor?

»Nein, nein«, sage ich. »Nur für praktische Arbeit, zum Beispiel im Garten oder auf dem Flachdach.«

»Hm«, sagt sie. Ich füge schnell hinzu: »Falls ich das demnächst mache.«

»Tja«, sagt sie. »Man müsste auch die Bohrmaschine und den Hochdruckreiniger endlich auspacken. Weißt du nicht mehr? Die du vor fünf Jahren gekauft hast!«

Dann fällt ihr Blick auf meine Schuhe. »Was sind das denn für dicke Schuhe?«

»Sicherheitsschuhe. Da sind die Zehen geschützt, egal, was dir drauf fällt.«

Meine Frau bleibt ernst. »Nur nicht ins Theater anziehen!« mahnt sie.

Dienstagmorgen
mit einem, der nicht den Mut verlor

Der große Dreieckstisch meiner Bäckerei hat mir schon eine Viertelstunde lang allein gehört, ich lese unter dem wohlwollenden Blick der Bäckerin in meiner ausgebreiteten Zeitung, aber jetzt kommen weitere Gäste. Drei Arbeiter in schwarzer Montur. Wie hier üblich, bietet man einander großzügig Raum auf dem Tisch an, was wiederum bescheiden und höflich von jedem abgelehnt wird.

Draußen fällt leichter Regen, er hat schon bei meinem gemächlichen Lauf durch den Wald auf der Haut geprickelt.

Übrigens, schon im fünften Jahr wagen sich keine Pilze hervor, die sich meine Frau immer wünscht. Aber wie gesagt, schon fünf Jahre lang habe ich keine gefunden. Was ich aber immer finde, ist die Morgenzeitung, auf die unsere Oma heftiger wartet als meine Frau auf die Pilze. Oma, siebenundneunzig, vergleicht sogar den Zeitungsbericht über das Länderspiel vom Vortag mit ihrem eigenen Eindruck, den sie vor dem Fernseher hatte. Das Ergebnis hat sie stets in Erinnerung.

Meine drei Tischnachbarn hören einem neuen Gast zu, der über angeblich faule Hartz IV-Empfänger und geldgierige Banker schimpft.

Mir fällt auf, dass alle drei ein rotes Emblem auf dem Ärmel haben. »Was bedeutet das?« frage ich neugierig. »Irgendwas mit dem Landschaftsverband? Oder eine Behörde?«

Nein. Es bedeute einfach »Unbrennbar«. »Inflammable«.

»Falls Sie in die Hölle kommen?«, scherze ich vorwitzig.

»Nein«, sagt der neben mir, »ich komme doch nicht in die Hölle.«

»Immerhin kommst du abends nach Hause zu deiner Familie.«, sagt der übernächste.

Auch das nicht. Er sei Single. Ich meine: »Immer schade, wenn eine Familie kaputt geht.«

Er antwortet, er habe alles hinter sich. Nie mehr. Er lebe allein, sei glücklich, habe alles, was er brauche. Von Frauen habe er genug. Seine habe alles besser gewusst. Frauen seien zickig.

»Frauen dürfen das sein«, sagt die Bäckerin.

»Lüg nicht«, sagt sein Nachbar. »Du hast eine Freundin.«

»Ja, sicher«, antwortet mein Nachbar trotzig, »aber die lebt allein.«

»Aber du hast eine!«

Er gibt es zu. Aber was solle er machen? Was solle er denn allein anfangen? Er blickt herausfordernd in die Runde.

Da lachen alle, auch die Bäckerin. Ganz ohne Männer wüsste sie auch nicht, was sie anfangen sollte. Und wieder lachen alle.

Über meine Fragen hat sich keiner gewundert. Vielleicht hat die Bäckerin sie vor meiner Neugier gewarnt.

Ich falte meine Zeitung zusammen, stelle Tasse und Teller sorglich in das bereitstehende Gestell, verabschiede mich achtungsvoll mit aufmerksamem Blick auf jeden einzelnen und trete vor die Türe. Es ist der Augenblick, in dem die Bäckerin wieder auf Zeit für eine halbe Zigarette hofft.

Solange es den Wald gibt, denke ich, und ich kann darin herumlaufen und danach Kaffee trinken, fehlt mir eigentlich nichts. Nur krank darf ich nicht werden.

Ein Mann im Rollstuhl nähert sich. »Der kommt öfter«, sagt die Bäckerin leise, »er hat so etwas wie Muskelschwund. Er war früher Bibliotheksdirektor.«

Der Mann mit dem Rollstuhl kann ohne Schwierigkeit in die Bäckerei fahren, die zu ebener Erde liegt. Aber er hält bei uns an. Seine Hände liegen schlaff auf den Armstützen, seine Mundwinkel hängen herab.»Ich habe Sie gerade vorgestellt«, sagt die Bäckerin zu ihm. »Der Herr hier liest auch viele Bücher, glaube ich.«

»Es geht«, sage ich bescheiden. »Meistens schlafe ich nach ein paar Seiten ein.«

»Macht nichts«, antwortet der Kranke.

»Hauptsache, man liest im Buch des Lebens.«

»Sonst nichts?«, fragt die Bäckerin.

Doch, einiges müsse man wohl oder übel gelesen haben.

Dann wendet er sich an mich. »Sie gucken so auf das Ding da. Da hänge ich mein Telefon dran. Die Arme sind ein bisschen schwach, wissen Sie.«

Ich blicke ihn stumm und hilflos an. Was soll ich zu einem Manne sagen, der am Kreuz seiner Krankheit hängt?

»Gestern war ich beim Arzt«. sagt er. »Der war ganz zufrieden.«

Der Arzt war zufrieden...

»Achtzig würde ich natürlich nicht.«

Achtzig stehen einem heute doch eigentlich zu.

»Sie wissen, was ich habe? ALS.«

»Ich habe es schon gehört.«

»Ja.«

»Ist nicht alles so, wie Sie sich das jetzt wohl denken. Das Leben ist auch schön, ja, manchmal ist es wunderbar. Als ich im Juli mit dem Rollstuhl über die Alpen gefahren bin, das waren die schönsten Augenblicke meines Lebens. Bis Mailand bin ich gekommen. So, jetzt brauche ich meine Brötchen, bitte. Meine Frau wartet auf mich.«

Ich gehe langsam zu meinem Auto, das in einer Seitenstraße der kleinen Siedlung steht. Es steht niemandem zu, gesund zu bleiben, leider. Aber der hier bleibt wohl Sieger.

Mittwochmorgen
mit einem geschiedenen Mann

»So lange es eben geht«, sagte ich abwiegelnd zu Herrn Mertes, der bis vor zwei Jahren unser Nachbar war. Er hat mich wegen meiner angeblichen Ausdauer beim Laufen gelobt. Wir sind aufeinander getroffen, ich auf dem Weg zur Bäckerei, er auf dem Heimweg von der nahen Apotheke.

»Man sieht sich sonst ja so selten.«

»Sie sind eben weggezogen. Daher kommt das.«

»Ich wohne aber gleich da vorne. Nicht weit weg.«

Er musste ja wegziehen, nachdem er sich von seiner stillen, älteren Frau getrennt hatte. Jeder in der Nachbarschaft wusste es, da ließ er sich sowieso nicht mehr gerne sehen.

Bitter sei es gewesen, sagt er, sehr bitter. Aber man saß ja immer stumm beieinander. Jetzt sei es ganz anders mit der jungen Frau. Andauernd falle der etwas Neues ein. Dienstagabends führen sie immer nach Essen zum Tanzen. Lauter ältere Ehepaare da. Auch das Essen sei abwechslungsreicher, mittags esse man häufig bei Akzenta.

»Kennen Sie den Herrn Mertes auch?« fragt die Bäckerin, die ihn und mich durch die Schaufensterscheibe beobachtet hat. »Ein freundlicher Mann, nicht wahr, und trotzdem geschieden. Hatte er denn Probleme?«

Nein, antworte ich, wir hätten lediglich von seinem neuen Auto gesprochen. Was da alles dran sei! Ganz andere Beschleunigung beim Start als das andere. Lauter andere Hebel und Knöpfe, die er noch nicht alle kenne. Auch Signale, wenn etwas nicht stimmt, ganz prima. Also alles in allem viel besser als das alte, und man habe ein ganz anderes Gefühl dabei.

Die Bäckerin wundert sich. Das habe sie nicht gedacht, dass dieser freundliche Mann so besessen von Autos sei.

»Wir Männer sind so«, sage ich.

Die Bäckerin verkauft einer Kundin Brötchen. Dann wendet sie sich an mich: »Sagen Sie, seit wann hat denn der Herr Mertes ein Auto?«

Donnerstagmorgen
mit einem Zufriedenen

Wieder ein regennasser Morgen. Andere Läufer und Geher scheinen heute wenig Lust zu haben. Die Waldwege sind menschenleer; bis zum Ende der Strecke, von wo sich die bunten Gestalten sonst, langsam größer werdend, nähern, ist niemand zu sehen.

Dafür spricht der Wald umso mächtiger und deutlicher zu mir, fast scheint es, als richteten sich die Bäume jäh vor mir auf und lächelten dann gutmütig, weil sie mich erschreckt haben.

Die Luft ist feuchtkalt. Es ist ja Herbst mit einer Prise Winter darin. Rechts am Wegrand liegt ein großer Stapel dicker, gefällter Stämme, krumme und gerade übereinander getürmt. Die hellbraunen Schnittflächen leuchten, die gestürzten Riesen türmen sich wie gigantische Muskelpakete, noch immer bersten sie vor Kraft. Ich weiß nicht, wo ich in dieser Sinfonie lautloser Ereignisse zuerst hinschauen soll.

Am großen Dreieckstisch in der Bäckerei steht der, den ich fast jeden Vormittag antreffe. Vielleicht ist er chronisch krank, Frühinvalide. Egal, es reicht für den fröhlichen Morgenkaffee und für das Päckchen Zigaretten, das immer bereitliegt. Diesmal ist er ohne seine mollige Gefährtin hier, vielleicht sucht er deshalb gleich nach meinem Kommen Kontakt.

»Sie laufen ja jeden Tag im Wald herum«, sagt er zutraulich. »Meinen Sie, dann lebt man länger?«

»Keine Ahnung«, antworte ich, »aber ohne das würde mir was fehlen.«

»Sehen Sie«, sagt er, »ich brauche das nicht. Gutes Material, wissen Sie. Mein Vater ist fünfundneunzig geworden. Der trank auch jeden Tag sein Schnäpschen. Ich merke, dass mir das gut tut.«

»Manche denken da ja anders«, sage ich.

»Unsinn! Ich weiß, was ich sage. Mir schaden auch die Zigaretten nicht. Niemand schaden sie, wenn er ein Kerl ist. Und, glauben Sie mir, ich habe immer Recht. Ich weiß auch nicht, wie das kommt..«

»Dass Sie immer Recht haben?«

»Ja. Habe ich, ja.«

»Das ist eine Gabe der Natur an Sie«, sage ich. »Sie haben eben Glück gehabt.«

»Muss wohl so sein.«

»Das Bier schmeckt ihm eben. Dann bekommt es einem auch«, sagt die Bäckerin vieldeutig.

Jetzt kommt die Gefährtin. Sie ist pummelig, kommt in Latschen. Ihren Hund hat sie draußen an der Hauswand befestigt. Ein kleiner Hund, eine Art Insektenhund.

Der Mann schlägt eine Illustrierte auf.

Sie soll sich das herrliche Bild ansehen: Ein Schimpansenweibchen, das behaglich auf dem Rücken liegt. Auf ihr ein Tigerbaby. Sie schmusen miteinander, küssen sich sogar.

»Man kann sich so richtig vorstellen«, sagt mein Nachbar, »wie wir uns so aus den Affen heraus entwickelt haben.« Die Gefährtin blickt ihn abwägend an: »So ganz wie Affe siehst du nicht aus.«

»Nein«, erwidert er. »Wir sind doch höhere Wesen.«

Sonntagmorgen
mit Witwer

»Vorsicht, schnell hin!« zischt die Bäckerin. Durch das Schaufenster sehe ich, wie eine Politesse mit gezücktem Block vor meinem alten Auto steht. Richtig, hier ist eingeschränktes Halteverbot. Am wahrscheinlichsten wäre, dass die Durchfahrt für den Bus frei gehalten werden soll. Ab und zu geht darum hier eine Politesse auf einsame Jagd, und ich habe wohl fünf Minuten zu lange in der Zeitung geblättert. Ich eile hinaus.

»Gerade wollte ich wegfahren«, sage ich.

Schweigen.

»Natürlich habe ich mir auch ein Brötchen geholt.«

Schweigen.

»Es ist schön, dass Sie Ihr Amt so ernst nehmen«, sage ich. »Habe ich früher auch getan. Es war wirklich nur ein Brötchen. Gut für Sie, dass es heute mal nicht regnet, nicht wahr.«

Ihr Gesichtsausdruck wird lockerer. »Na ja, es stimmt ja mit dem Brötchen. Sie kauen schließlich noch.«

Das genügt mir. Ich wünsche ihr einen harmonischen Tag, schwinge mich ins Auto und fahre ohne überflüssiges Gasgeben ab.

Kaum habe ich die Verbotszone verlassen, sehe ich einen alten Kollegen, Olearius, mit kleinem Hund. Rasch steige ich aus und begrüße ihn.

Wir waren einmal in derselben Firma, er in der Arbeitsvorbereitung, ein Zahlen- und Ordnungs-Job, ich in der Werbeabteilung. Wenn ich seine Abteilung betrat, gab es einige freundliche und witzelnde Worte hin und her. So kam man gut miteinander zurecht, aber man lernte sich nicht kennen, doch konnte man schlecht verbergen, was für eine Art Mensch man war.

Über Olearius hatte ich also nicht viel erfahren, wir hatten dienstlich kaum miteinander zu tun. Aber nun, da wir beide pensioniert sind, begegnet er mir sehr oft, er wohnt in unserem Viertel, das ist nicht ungewöhnlich; und es ist auch nicht ungewöhnlich, dass alte Leute gerne wenigstens einmal am Tage etwas von der Welt spüren möchten, und dafür taugt dann auch der nichtigste Anlass. Und jetzt, da er nichts mehr verbergen wollte, man könnte sagen, im Gegenteil, da plauderte Olearius sogar länger mit mir.

Seine Frau war vor einigen Jahren gestorben. Niemand mehr danach? Doch, in der Kur habe er jemanden kennen gelernt.

Sie sei sogar zu ihm gezogen, ein halbes Jahr hätten sie zusammen gelebt. Dann habe sie gesagt, hier im Tal könne sie nicht leben, sie brauche die Berge im Hintergrund, sie wolle zurück nach München.

»Dafür habe ich Verständnis«, hatte er gesagt. Wenn er dabei ein so gleichmütiges Gesicht gemacht hatte wie jetzt in diesem Augenblick – und er hatte immer diesen gleichmütigen Gesichtsausdruck –, dann hatte sie ihre Abreise vielleicht sogar beschleunigt.

Ja, was mache er denn nun den ganzen Tag? Nun, er müsse ja einkaufen, sich etwas zu essen machen. Auch schon einmal durchwischen. Das Plumeau klappe er nur zurück.

Verständlich. Aber man brauche doch Menschen! Ich sage es mit Nachdruck.

So, brauche man die? Wisse er nicht. Er brauche eigentlich niemanden.

Aber was mache er denn zum Beispiel am Abend?

Am Abend? Das sei doch klar, da habe er den Fernseher. Und eine Flasche Bier.

Sei er denn gesund?

Ja, wohl doch. Pillen nehme er schon, der Arzt habe gesagt, er müsse heiterer werden, also aufgehellt. Ja, aufgehellt, habe der gesagt.

Ich denke dabei an Antidepressiva, erspare ihm aber Begriffe, die ihn ängstlich machen könnten.

Aber noch lohne es sich zu leben, auch für ihn, nicht wahr? Er solle ruhig am Wochenende ins Kino gehen, irgendeine Anregung nehme man immer mit.

Kino interessiere ihn nicht, sagt er ausdruckslos.

Sport, sage ich. Das sei es! Täglich Sport. Vor allem Schwimmen. Ich denke, er lernt dabei, sich im Liegen zu bewegen, gut für die Gelenke, aber es kann auch euphorisieren, und die Neurobiologen sagen ja, man könne den Charakter, das charakterliche Verhalten, oder wie soll ich es nennen, also, man könne sich selbst durch Änderung der Gewohnheiten ändern. Gewisse Gehirnpartien reicherten sich mit mehr Zellen an. Das wäre vielleicht der Anfang einer Änderung.

Nein, sagt Olearius, ändern wolle er sich auf keinen Fall. Mit sich habe er eigentlich keine Schwierigkeiten.

Sonntagmorgen
mit Telefonanruf

Der Tag beginnt fast schweigend. Die gesamte Nachbarschaft scheint noch zu schlafen. So kommt es mir jedenfalls vor, als ich durch das Fenster spähe.

Ich sehe den sattgrünen Rasen vor dem gegenüberliegenden Haus, auf dem Licht und Schatten spielen, und der Wind wiederum spielt mit den Schatten zitternder Zweige. Davor verläuft der gepflasterte Fußweg, durch dessen Pflasterritzen der tapfere Löwenzahn den Kopf zwängt, leuchtend in kraftvollem Goldgelb.

Dann sehe ich auf dem Rasen einen schwarzweißen Vogel. Eine Kindheitserinnerung sagt mir, dass es eine Elster sein könnte. Ich rufe meine Frau, die ich draußen im Flur gehen höre: »Das ist doch eine Elster?«

Natürlich sei es eine Elster, bestätigt sie. Und eine zweite könne nicht weit davon sein, die träten meistens zu zweit auf. Sie behält Recht.

Und während die Welt da draußen immer noch beharrlich in der Morgensonne strahlt und schweigt, werde ich für einen Augenblick ruhig und denke: Das hier, dieser Augenblick, das ist Glück. So sieht Glück aus.

Später, droben im Wald mit dem vertrauten Laufweg, gesellen sich noch bemooste Baumstümpfe zu meiner stillen Morgengesellschaft, und danach erwartet mich in meiner Stammbäckerei ein dampfender Pott Kaffee auf dem mächtigen Dreieckstisch. Ich vertiefe mich dabei in die Morgenzeitung, bleibe der einzige Kunde. Zwischendurch sehe ich kurz das nachdenkliche Gesicht der kleinen Bäckerin, auf die vielleicht ein einsamer Sonntagnachmittag wartet. Jetzt wartet sie auf Kundschaft, aber noch immer kommt niemand.

Wie ist das, wenn man jahrelang so allein ist. Verarmt man da nicht?

Ein Mobiltelefon klingelt. Die Bäckerin nimmt es auf, drückt auf Empfang und geht vor die Türe. Da steht sie mit dem Rücken zu mir und schaut beim Zuhören auf die menschenleere, besonnte Straße der Siedlung.

Sie hat das Gespräch beendet, kommt herein, sie lächelt zufrieden.

»Es war meine Nichte.«

»Und? Kommt sie wieder zu Besuch?«

»Nein«, sagt sie, aber die Nichte habe einen Freund gefunden. Sie war ja jahrelang so allein. »Ist das nicht schön? Wenn sie sich gut verstehen, nicht wahr?«

Ich schaue die Bäckerin ein wenig erstaunt an. Es scheint, als habe sie selbst ihr Glück gefunden.

Das Telefon hat sie reich gemacht, denke ich. Telefone können das.

Einsame können jemanden erreichen, mit dem sie sprechen können, und die fremde Stimme bewirkt, dass in einsamen Wohnstuben, hinter verlassenen Parkbänken, vor windzerzausten Sträuchern Hoffnungen aufsteigen und Freude sich ausbreitet wie die ersten Strahlen der Morgensonne.

Meine Frau schimpft zwar auf die gefährlichen Handys, aber, was wahr ist, muss auch wahr bleiben.

Anruf
einer Einsamen

Gerda rief mich abends an. Ein Todesfall.

Gerda ist die Tochter eines älteren Kollegen, ich kannte sie noch als Kind. Ich sehe sie noch brav als junges Mädchen mit uns Erwachsenen am Tisch sitzen, als wir einmal alle zusammen essen gingen. Inzwischen ist sie schon eine ältere Dame, aber sie hat mir immer alles erzählt, was in ihrem Leben passierte.

Ihr erster Ehemann war ein Australier, er hatte schon eine Tochter, die sie sogar heute noch besucht. Der Ehemann lief fort, heiratete eine andere. Der zweite Ehemann, Ronny, war ihr Betriebsleiter in England, mit dem tat sie sich zusammen, aber es gab jahrelange Schwierigkeiten mit den Papieren, ehe sie heirateten.

Sie zogen zusammen nach Würzburg, wohin ihr Mann versetzt wurde, lebten friedlich und freundlich zusammen, machten Reisen.

Aber da war der Chef in Gerdas Firma, ein mächtiger Mann, der sie umwarb. Es dauerte lange, ehe sie nachgab. Seither genoss sie doppeltes Liebesglück.

Der Chef mietete ein Liebesnest eine Straße weiter, sie hatte also gut zu tun mit Hin- und Herlaufen. Ronny war inzwischen pensioniert, hatte sehr an

Gewicht gewonnen und verließ immer seltener das Haus.

Aber die Zeit war in Fünf-Jahres-Sprüngen davon gehüpft. Ronny bekam einen Schlaganfall. Gerda pflegte ihn, bis es nicht mehr ging, brachte ihn ins Altersheim, besuchte ihn fast täglich, holte ihn sonntäglich nach Hause, vergaß darüber aber auch ihren Chef nicht.

Nach und nach nahm sie wahr, wie schlecht der inzwischen aussah. Die Gewissenskonflikte, die Auseinandersetzungen mit seiner Frau, an der er hing und vor der er Angst hatte, zermürbten ihn. Das konnte sie freilich nur ahnen. Sie hatte ihn selten gedrängt, aber doch manchmal gefragt: Was willst du eigentlich? Das müsstest du doch wissen.

Vielleicht dachte er, dass er dies überhaupt nicht wissen musste. Es waren die anderen, die es erwarteten. Die Welt, das sind die anderen.

Und jetzt war er gestorben. Das Wechselspiel war zu Ende.

»Ich bin froh, dass ich noch meine Freundinnen habe«, sagte sie zu mir. »Und dass mich die Stieftochter immer besucht.«

Sonntagnachmittag
mit Alter Bergbahn

In der Bäckerei war ich am Morgen schon gewesen, nun saß ich in dem Restaurant, das den Namen unserer alten, inzwischen stillgelegten Zahnradbahn trägt. Ich war mit drei alten Klassenkameraden zum Abendschoppen verabredet, mit denen ich vor mehr als einem halben Jahrhundert zusammen die Abiturprüfung abgelegt hatte.

Es ist eine gute Wohngegend hier an der alten Bergbahn, und das Personal im Restaurant ist auf bessere Leute aus dieser Gegend eingestellt, selbstverständlich auch auf andere. Weniger wichtige.

Die kamen vor 50 Jahren meist aus dem Tal mit der Zahnradbahn – aber davon später. Jetzt trafen meine alten Gefährten ein.

Wir waren bei diesem Wiedersehenstreffen Vier, die von unserer Abiturklasse noch gehfähig waren. Einer war blind, sein Sohn begleitete ihn. Auch andere hatten ihre Gebrechen. Warum soll es uns besser ergehen als der Bergbahn, die vor etwa 50 Jahren stillgelegt wurde, dachte ich.

Andere würden eine Fülle von Einzelheiten berichten können über diese Bahn, deren Nase während der Fahrt steil gen Himmel zeigte. Ich erinnere mich eher an die Gefühle, die ich zu jener Zeit, also in den

Vierziger und Fünfziger Jahren, hatte, an meinen inneren Horizont, die Welt, wie ich sie empfand, als wir damals über den bewaldeten Hang hinauf in die Wolken fuhren. Bis zur Endstation, Tölleturm und Planetarium. Ich meinte zu fühlen, wie die Zahnräder unter mir in die Zahnstange bissen, das gab ein Gefühl von Sicherheit.

Ich glaube, ich bin nur ein einziges Mal mit dieser Bergbahn gefahren. Das war also in den Fünfziger Jahren, und neben mir saß ein Mädchen, das Inge hieß. Sie trug ein geblümtes sommerliches Kleid, und ich hatte meinen Sonntagsanzug an; scharfe Bügelfalten, Hemd, Krawatte, Sakko. Ich bilde mir heute ein, dass ich diese Sonntagskleidung wie eine Zwangsjacke empfand. Nicht nur, weil ich sorgsam damit umgehen musste (Kleidung konnte ich mir in den ersten Nachkriegsjahren nicht kaufen), sondern auch, weil ich mich in sie eingesperrt fühlte, weil ich ahnte, welche Wege meinem Tatendrang nur noch offen standen: Spazierengehen und Kaffeetrinken.

Das Mädchen lebt heute in einem alten Bürgerhaus mit schattigem Garten am Hang.

Wie ich mich in dieser Zeit fühlte? Erbärmlich. Ich genügte mir nicht, ich genügte sicherlich der Welt nicht, dem Mädchen, das heiraten und eine Dreizimmerwohnung beziehen wollte, noch weniger; und die ganze Welt genügte mir wiederum nicht. Wahrscheinlich habe ich für Inge, oben auf dem Gipfel des Sonntagsglücks angekommen, eine Tasse Kaffee bestellt. Viel Geld hatten wir ohnehin nicht.

Eigentlich will ich nur sagen, dass es meinem Gefühl nach eine widerliche Zeit war. Zwar waren wir alle mit dem Leben davongekommen, hatten sie endlich wieder, die anderen, die Angehörigen, die überlebenden Freunde, die Mädchen, aber wir lebten immer noch in einer Trümmerstadt und hatten das Gefühl, dass es immer so weitergehen würde; scharfe Bügelfalten, Sonntagsglück, Kaffee. Und während wir immer noch auf etwas Besonderes warteten, würde das Leben vergehen. So hatten wir Heimkehrer uns das nicht vorgestellt, ein Land, in dem noch die Führungsschichten der Dreißiger Jahre vorsichtig, aber beherrschend, oben geblieben waren, die Führungsschichten in den zweiten und dritten Reihen in Behörden, Firmen und Institutionen.

Das war mein Lebensgefühl in dieser Zeit. Die Bergbahn wurde stillgelegt – da sie kein lebendes Wesen ist, kann ich auf sie verzichten –, aber die Zeit änderte sich, und, falls sie nicht nur Gutes gebracht haben sollte, sie gab uns wenigstens zu tun. Um gerecht zu sein: Sie brachte uns sogar die Ziele und die Menschen, die wir wichtig nehmen konnten. Und das heißt Leben.

In der Abenddämmerung fuhr ich nach Hause. So ein Sonntagnachmittag mit alten Männern macht nicht fröhlich, er schleicht dahin, wie es die Bergbahn tun würde, wenn sie in eine Nebelwand hinein führe.

Aber ich weiß, morgen früh weht wieder der Morgenwind an der kleinen Häuserzeile mit der Bäckerei vorbei. Die Leute kommen und holen Brötchen und Morgenzeitung. Das Leben wird wieder pulsieren. Dieser Nachmittag war kein Halte- oder Wendepunkt, nein, ich treibe weiter im Fluss des Lebens, und ich lebe von den freundlichen Zurufen anderer, die neben mir treiben.

Morgenkaffee
im schwarzen Anzug

Die Bäckerinnen wundern sich, dass ich nicht im Trainingsanzug erscheine, sondern im dunklen Anzug, im weißen Hemd mit schwarzer Krawatte. Sie sind zu diskret, mich nach dem Trauerfall zu fragen, aber sie reden nur in leisem Ton miteinander. Gleich werde ich zum Friedhof fahren.

Die Fahrt dauert nur wenige Minuten. Auf dem Wege komme ich an einer kleinen Kirche vorbei, die im hellen Sonnenlicht steht. Ich meine, den Kies unter den Füßen zweier alter Frauen knirschen zu hören, die auf dem Wege dorthin sind. Was für ein Glücksmoment, und wie friedlich ist die Vorstellung vom Tot-Sein und auf dem Friedhof liegen, und, wie gut, dass ich mir nicht ausmalen muss, wie die Erinnerung an diese jetzigen Glücksmomente ins Herz schneiden würde, wenn gerade die Faust des Schicksals unerwartet zugeschlagen hat. So wie bei ihr, die jetzt zu Grabe getragen wird.

Sie war ganz überraschend durch den Garten an die Verandatüre gekommen, eine kleinere Frau, etwa Vierzig, sonnengebräunt, strähniges, blondes Haar, nicht gerade schön, aber sicher nicht hässlich, eher der Typ »robust und seetüchtig«; im Gesicht das Wissen, eher unauffällig auszusehen.

Wir könnten uns bitte umsehen, da und da und auch da, da habe sie die Gärten auf Vordermann gebracht; Gartengestalterin, das sei ihr Beruf, und preisgünstig sei sie auch.

Was soll ich sagen, meine Frau wollte es tatsächlich versuchen, und in den nächsten Tagen arbeitete Helga, so durften wir sie nennen, täglich in unserem Garten, legte sogar die Steinplatten auf dem Weg neu, brachte Eingrenzungen an, beschnitt Bäume und Sträucher, stützte wankelmütige Obstbäume, schaffte hübsche kleine Beete mit Buchsbaumhekken. Geometrie wurde erkennbar.

Wir erfuhren mehr: Verheiratet war sie mit einem Gemüsehändler. Sie hatte sogar das Abitur geschafft, dann aber jede geregelte Ausbildung verweigert. Doch dies hier konnte sie.

Und sie rauchte. Sie rauchte fast ständig, arbeitete sogar mit der Zigarette im Mundwinkel. Meiner Frau gefielen die Ergebnisse ihrer Arbeit, sie unterhielt sich oft mit Helga, und eines Tages wurden wir sogar von ihr eingeladen, sie habe Geburtstag.

Wir lernten ihren schnauzbärtigen, dicklichen Mann kennen, der kaum sprach und sich so unserer Beurteilung entzog. Wir erfuhren, dass sie mit ihrer Mutter schon länger verfeindet war. Die war auch nicht gekommen.

Die Wohnung war ärmlich eingerichtet. Wir tranken Kaffee, erzählten von unseren Berufen, ich bereits pensioniert. Sie hörte zu, aber ich merkte, dass es sie nicht interessierte. Ihre Augen wanderten unruhig hin und her. Ich glaube, sie fand, dies hier war nicht das Leben, ja, nicht einmal der Augenblick, den sie eigentlich wollte.

Nachdem sie das Gröbste geschafft hatte (und das war nötig gewesen, denn wir sind keine Garten-Könner), kam sie weiterhin in kurzen Abständen stundenweise und sah nach dem Rechten. Dann konnten wir den Hund schon einmal in ihrer Obhut lassen und einkaufen oder irgendwo eine Tasse Kaffee trinken.

Wir sprachen nicht darüber, aber wir waren froh, dass wir sie hatten. Sie war uns sozusagen zugelaufen, und wir hätten sie freiwillig nicht mehr hergeben wollen. Sie und wir gehörten zu unserem jeweiligen Leben. Sie wusste genau, was wir taten, was wir vorhatten, woran uns etwas lag, sie fragte auch manchmal, ob dieses oder jenes jetzt in Ordnung sei, zum Beispiel ein ungünstiger Leberwert. Sie suchte und fand unsere abgefallenen Knöpfe, und, als eine Tante bestattet wurde, die uns oft besucht hatte, saß sie hinten in der Trauerkapelle.

Wir hatten uns schon einige Male gewundert, aber eines Tages wurde es klar.

»Sie bestiehlt uns«, sagte meine Frau. Einmal war Geld aus dem Portemonnaie verschwunden, ein anderes Mal sogar eine Armbanduhr. Beides hatte offen herumgelegen. Aus den Schubladen schien sie nie etwas zu entnehmen. Vielleicht kannte sie die verschiedenen Kategorien von Raub, Einbruch und Diebstahl und wählte Delikte, die sie für die leichteren hielt.

Nach einigem Nachdenken und Beraten beschlossen wir, nichts zu sagen. Da war nichts zu beweisen und nichts zu erreichen. Eine längere Reise gab uns die Möglichkeit, den Kontakt abzubrechen, da wir uns nach der Rückkehr nicht bei ihr meldeten. Vielleicht ahnte sie auch etwas von unserem Wissen.

Eines Tages rief ihre Schwester an. Helga sei an Krebs gestorben, und morgen sei die Beerdigung. Wahrscheinlich habe sie zu viel geraucht. Aber sterben habe sie nicht wollen, das habe sie immer wieder beschwörend gesagt, als sie im Hospiz lag.

Wir standen am Grab. Außer uns noch ihr Mann, der Gemüsehändler, und seine Freunde, dazu Helgas Schwester. Der Mann würde nach dem letzten Glöckchenbimmeln heimkehren in eine stille, dämmerige Wohnung. Hoffte er noch auf irgendetwas in der Zukunft?

Diese Geschichte hat kein schlüssiges Ende und ergibt keinen Sinn, was sonst ja die meisten Geschichten ausmacht. Sie endet aber für mich in einem Bild …

Eine lange, breite Straße, und rechts und links Gestalten wie Skulpturen aus der Antike, immer bereit zur nächsten Bewegung. Und eine dieser Figuren ist Helga. Sie steht da mit angespanntem Gesichtsausdruck, nicht weniger edel als die anderen Figuren, und niemand denkt, dass sie jemals Geld und Armbanduhren gestohlen hat. Alle diese Gestalten haben dies und jenes gemacht, aber jetzt stehen sie um uns und unser Leben und bleiben da.

Wir sind froh, dass wir damals nichts gesagt haben. Vielleicht bemerkte sie es kaum, wenn sie etwas nahm. So etwas soll es geben.

Sonntagmorgen
mit Belehrung durch Hunde

An diesem Sonntagmorgen war ich besonders früh draußen. Die Strecke fiel mir leicht in der heiteren Morgensonne, ich ging schonend mit mir um, die rennenden Mädchen mit dem Knopf im Ohr grüßten besonders freundlich, wahrscheinlich hielten sie alte Männer für ungefährlich.

Die Aluminiumsessel stehen vor der Bäckerei, die Bäckerin steht abwartend hinter der Glastheke, ein stiller, älterer Mann hat den riesigen Dreieckstisch in der Ecke besetzt. Es scheint viele ältere, alleinstehende Männer in dieser Siedlung zu geben. Manchmal während der Woche kommt ein voluminöser, laut brüllender alter Mann herein, ein richtiger »Schaut her, ich bin's.«

Diesmal gelang mir ein Kunststück. Er fing meinen Blick auf, und ich fragte ihn gleich, wie es ihm gehe. Und ob zu Hause alles in Ordnung sei. Das machte ihn zunächst fassungslos, so wurde er wahrscheinlich hier nie gefragt. Ich war aber auch erstaunt, als er mir freiwillig von Scheidung, Herzoperation, regelmäßiger Tennisplatzpflege erzählte; auch von einer Lebensgefährtin, die er morgens zur Arbeit führe, ein ganzes Lebensprogramm.

Es gibt sogar eine regionale Feiertagszeitung. Mit der setze ich mich nach dem Gespräch draußen in die Sonne. Bald nähert sich ein schlanker, langer, schnurrbärtiger Mann mit zwei zottigen, schwarzen Hunden, um Brötchen zu holen. Ich muss es wissen, ich frage ihn, was das für Hunde seien, die da hinter ihm hertrotten.

»Bouviers«.

Nie gehört.

»Aber sehr gelehrig. Ist schon erstaunlich, wie die auf Sie reagieren.« Die Hunde lassen sich nämlich sofort auf seinen leisen Hinweis nieder.

Alle Hunde seien gelehrig, wenn man ihnen ihre rassische Eigenart lasse. Es komme auf Herrchen und Frauchen an.

»Wieso das?«

Nun, wie die miteinander umgingen.

So etwas hätte ich noch nie gehört, sage ich.

Doch! Wenn die aufeinander hörten, hörten auch die Hunde auf sie. Vielleicht sei es kein allgemeingültiger Grundsatz, aber bei ihm und seinen Hunden stimme er. Auch sei er selbst leicht zu dressieren.

Ich lasse es dabei, äußere aber den Bouviers gegenüber meine Hochachtung.

Sonntagmorgen
und der Deutsche Kaiser

So wie ich laufen, schlurfen oder wandern heute viele durch den Wald; um uns Grün, Gezweig und Vogelstimmen, hinter uns die paar Sätze, die wir am Frühstückstisch gewechselt haben, in unseren Ahnungen die geschehende und gefürchtete Welt voll Grässlichkeiten, Gefahren, Krankheiten, Absturz- und Armuts-Bedrohung und dem unbegreiflichen Versprechen unseres eigenen Todes.

Die Zeit nach dem Tod stellen wir uns besonders traurig vor, wir schluchzen auf bei dem Gedanken, wie trostlos es für die Zurückbleibenden ohne uns sein wird. Und das Unvorstellbarste ist die versprochene Ewigkeit. Ewigkeit, das ist wie eine weiße Scheibe, die keine Begrenzungen hat. Wer jemand quälen möchte – und hätte die Macht dazu –, der müsste dem Opfer anbefehlen, sich ununterbrochen diese Scheibe vorzustellen.

Aber jetzt trifft uns das Sonnenlicht mit ungeheurer Macht, und mit der würzigen Morgenluft atmen wir unsere eigene Seele ein, und ich meine, nie mehr an Unangenehmes denken zu müssen. Der Pott Kaffee steht schon auf dem runden Tischchen neben dem Dreieckstisch, die Bäckerin hat mein Auto halten gesehen. Ich kaufe die Morgenzeitung. Einer meiner Rentnergenossen, der seinen Dackel draußen angebunden hat, kommt mit seinem Kaffee an meinen Tisch. Ab und zu schielt er in meine Zeitung.

»Ich gucke am liebsten in die Zeitung, die jemand anders gehört«, sagt er.

»Verstehe ich«, antworte ich. »Mit den Frauen machen Sie es wahrscheinlich auch so.«

Der Witz gefällt ihm.

Kurzer Auftritt eines jungen Mannes. Er ist kahl geschoren, Schlappen, weißes T-Shirt, tief liegende Augen, blasse Haut. Ich muss an Zombies denken. Will ich nicht, denke schnell darüber nach, was Schönheit ausmacht. Das wird schnell entschieden: Immer ist schön, wer glücklich ist.

Hier habe ich alles ausgeschöpft, das Horoskop gelesen (Ich verschwende meine Kraft an Prestige-Objekte, steht da. Wahrscheinlich sind die neuen Schuhe gemeint, die ich mir gekauft habe.) Ich verlasse die Bäckerei, die jetzt nur von einer einzigen Bäckerin besetzt ist. Zu anderen Zeiten sind es drei.

Die nächste Station für mich ist heute das Schwimmbad. Fünf Männer stehen unter der Dusche. Manche waschen sich völlig nackt, manche drehen sich dabei schamhaft um, manche lüpfen nur die Badehose. Ich ziehe aus diesen Beobachtungen Rückschlüsse nur mit Vorbehalt.

Wilhelm steht mir gegenüber unter der Dusche. Er ist 92 Jahre alt. »Wie schaffst du es nur, so schön schlank zu bleiben«, sage ich zu ihm. Er ist wirklich ein zierlicher Mann, keine Spur von Bauch, die Rippen bilden sich ab, und keine erschlafften Muskeln.

Man müsse einfach was tun, sagt er. Täglich Schwimmen. Den Haushalt selber machen. Kontakte haben. Auch die Freundin nicht vernachlässigen.

Ich bestätige alles, es sei wunderbar. Aber das Essen, das Essen sei doch das Wichtige. Ohne Mäßigung bleibe man nicht so schlank. Das wolle ich von ihm lernen.

»Nee«, sagt er gleichmütig, »darauf achte ich nicht. Ich esse, so viel ich will. Komisch, ich bleibe trotzdem schlank.«

Ich bin eigentlich enttäuscht. Wir haben leider unser Schicksal nicht in der Hand.

Bei der Heimkehr vom Schwimmen komme ich gerade rechtzeitig zum Mittagessen. Oma, 99, sie hat heute Geburtstag, hat sich zu uns gesellt, nachdem sie bereits die ersten Nachrichten im Fernsehen wahrgenommen hat.

Nach und nach nehmen wir am Mittagstisch Platz, fast die ganze Familie. Draußen gehen Kirchgänger auf dem Heimweg vorbei. Eine Nachbarin mit Kinderwagen, deren kürzlich geborener Sohn auf den Namen Lasse Finn getauft wurde. Ich neide ihm diesen Namen, der so erfrischend und zukunftsfreudig klingt.

Während wir noch abwartend sitzen, frage ich Oma, ob wir heute wieder einmal ein Gedicht hören dürfen.

»Erst du«, sagt sie.

Natürlich kann ich mich nicht drücken, ich trage den »Panther« von Rilke vor, eines der Gedichte, an die ich mich vollständig erinnere. Oma antwortet mit dem Erlkönig, und alle am Tisch hören anerkennend zu.

»Und jetzt singen!« schlage ich vor. Oma gibt einschränkend zu bedenken, dass sie mit der Stimmhöhe nicht mehr so stabil sei, aber dann singt sie ein Lied, von dem sie sagt, dass es in ihrer Jugend genau so populär gewesen sei wie die Nationalhymne, nämlich

Dem Kaiser sei mein erstes Lied,
ihm klingt mein erster Klang.
Ihn preis ich, was ich preisen kann,
mein ganzes Leben lang.

Ob jedes Wort stimme, wisse sie nicht, sagt Oma, als sie in unsere begeisterten Gesichter blickt.

Es schellt. Die Nachbarn stehen im Türrahmen und stimmen ein Geburtstagslied für Oma an. Plötzlich sind Haus und Garten erfüllt von Menschenstimmen, und Omas Augen glänzen.

Ich sage, das sei alles so gut gewesen, dass wir jetzt bereits mit unserem Sonntagsritual einsetzen könnten. Ich fülle die Schnapsgläser mit Eierlikör, erhebe meines und proste Oma zu. Auch sie erhebt das Glas – und damit sind wir schon mitten in den Lüsten des Sonntags.

Ein Morgen
bei Eheleuten

Am nächsten Tag war der Computer dienstunfähig. Auch der Drucker schwieg, und der Scanner drohte mit irgendwas.

Ich rief meinen Nothelfer an. Er sagte, er könne am nächsten Morgen kommen, heute habe er schon Kunden zu bedienen.

Ich nahm dies als Chance zu einem Ausbruch aus der Routine. Morgens um elf fuhr ich an einem Altersheim unweit von der Stadtmitte vor. Es war ein kühler, feuchter, grauer Morgen, der Menschen von den Straßen und Plätzen vertrieben hatte. Nur ihre Autos warteten geduldig, eines hinter dem anderen, am Straßenrand. Alles gehörte in diesem Augenblick mir, die alten Häuser aus roten, feuchten Ziegeln, die von Kaiser Wilhelm und von Pickelhauben sprachen, von geschnörkelter Schrift auf Goldgrund und von den Korsagen der Gnädigsten.

Und da war ich schon im Innenhof, belehrt, welches Zimmer es sei. Es war anderthalb Jahre her, dass ich dieses Ehepaar, bei dem ich jetzt anklopfte, besucht hatte. Beide Ende Siebzig, sie auch damals schon fast stumm. Sie hatte ihm aber schon immer das Reden überlassen, und jetzt litten beide an Parkinson, einer leisen, heimtückischen Form davon, die sie langsam zu lähmen schien.

Als ich öffnete, sah ich nur Wolfgang im Bett liegen. Ein Arm war verkrümmt und unter dem Pullover versteckt, aber auch die andere Hand war verkrampft. Wolfgang bewegte sich nicht, sprach sehr leise. Ich solle seine Frau hereinholen, sie sitze draußen am Fenster des Balkons. Selbst diese wenigen Worte waren schwer zu verstehen. Ich fand sie in einer Gruppe von anderen alten Verstummten im Erker des Tagesraums. Sie blickte kurz auf, ließ sich aber von mir geduldig im Rollstuhl ins gemeinsame Zimmer zu ihrem Manne schieben. Da saß sie neben seinem Bett, aber beide sagten kein Wort.

Manchmal murmelte Wolfgang etwas, was ich nicht verstand, ich hörte jedoch aufmerksam zu. Ich fand, dass ich nichts anderes tun konnte, als ruhig bei den beiden zu sitzen.

Mir fiel ein Krankenhausaufenthalt vor Jahren ein. Ich lag im Krankenbett, die Untersuchungen hatten mehrere Tage gedauert. Dann traten nacheinander der Chefarzt und zwei Assistenzärzte ein, alle mit freundlichen, sonnigen Gesichtern. Die Untersuchungen hätten keinerlei pathologischen Befund ergeben, es sei sozusagen alles in bester Ordnung. Alle blickten sich freudig an, ich wahrscheinlich am freudigsten.

So etwas wird hier nie mehr passieren. Drei Weißkittel, die das Überleben verkünden, ob das bei dieser Krankheit je möglich sein wird?

Spätsommer-Licht floss durchs Fenster, der Himmel hatte sich aufgehellt. Und unmerklich strömte mit dem Licht stille Hoffnungslosigkeit herein, die Gedanken und Gegenstände mit scharfen Konturen versah. Aber in meinem Inneren schien sich die Hoffnungslosigkeit allmählich in Hoffnung zu verwandeln, eine Hoffnung, die nur aus Licht bestand, das sich mit der Nachmittags-Sonne vermischte. Ich wusste, es ist eine Hoffnung ohne Inhalte. Inhalte sind immer von Menschen gemacht, sie begleiten uns nur bis zur Wegbiegung.

Ob die beiden dies auch so spürten? Ich hielt es für möglich.

Ich gehe jetzt, Wolfgang, sagte ich. Wir sehen uns bald.

Er hat gesagt, dass er gut versteht, was ich sage, dachte ich, als ich durch die schweigsamen Gänge marschierte. Ich muss fürs nächste Mal überlegen, was ich ihm vorlesen könnte.

Ein Morgen
mit Wartezimmer

Der Wecker hat geschrillt, ich habe die Augen geöffnet und zum Fenster geblinzelt, aber da ist es ja fast noch dunkel! Sicher, ich stehe heute eine Viertelstunde früher auf, aber so etwas!

So schnell ist es Herbst geworden. Die Tage werden immer kürzer. Unglaublich, wieso ging das so schnell und plötzlich, und wieso ist es überhaupt passiert? Es gab diesen Herbst bisher doch nur als Vermutung! Natürlich gibt es den Kalender, aber auch der liebe Gott beachtet den Kalender nicht, und Zahlen und Daten kennt er schon gar nicht.

Und dennoch scheint alles möglich zu sein. Dass an einem Morgen 4 000 Schiffe vor der Küste der Normandie im Dunst auftauchen, dass der Richter einen Menschen für 25 Jahre ins GULAG schickt, dass ein Profoss Sklaven ins phönizische Bergwerk treibt, wo sie schuften müssen, bis sie endlich sterben dürfen; das Unglaubliche ist möglich, und, daran denken zu müssen, unerträglich.

Mir fällt ein: Ich muss zum Arzt, darum stehe ich früher auf, und darum kommen mir auch diese widerlichen Gedanken. Es gibt ein fröstelndes Frühstück, immer noch im Freien vor meiner Bäckerei, aber lange wird das nicht mehr so gehen, wenn es noch kühler wird. Inzwischen kenne ich die meisten Morgenkunden hier. Wir grüßen einander, fast hätte ich Lust, auch die kleinen Hunde zu grüßen, die neben mir an einem Haken angeleint werden. Eigentlich ist dies ja ein geruhsamer Augenblick, nur der Gedanke an den Arzt stört.

Immer ist etwas. Dieser Ausdruck ist gut verwendbar, er passt zu allem und zu jeder Situation. Nie haben wir nur das Eigentliche, die Freundschaft, die Hoffnung, den Anblick eines geliebten Gesichts, den vollständigen Einfall, die sichere Zufriedenheit, immer ist etwas, was uns hindert, zurückhält, oft unerkannt; nie das ganz Echte, Wirkliche, Gewollte, nie erreichen wir das Vollkommene; immer ist etwas.

Auch jetzt. Ich sitze hier ruhig unter den andern Wartenden, übrigens fast alles ältere Menschen. Das ist die Regel in den Wartezimmern. Die anderen lesen fast alle in den Zeitschriften, wahrscheinlich, um sich die Zeit zu vertreiben. Ich lese nicht, ich will mir die Zeit nicht vertreiben, ich will sie hinter mich bringen. Und ich muss auf sie aufpassen, damit inzwischen nichts passiert. Immer ist etwas.

Ich will gar nicht wissen, was mir der Arzt zu sagen hat. Im Ernstfall möchte ich es lieber selbst nach und nach herausfinden, mache ich mir vor.

Die Sprechstundenhilfe ruft mich. Der Arzt steht neben ihr und verteilt Rezepte. »Sie wollten ja nur das Rezept. Alles in Ordnung?« fragt er mich. »Oder war etwas Besonderes?« Ich schüttele den Kopf.

Er ist zufrieden, und ich auch. Diesmal war nichts, auch nicht etwas. Oder doch? Ich muss nachdenken.

Nachmittag
bei Wachkoma

Der Computer würde bis zum nächsten Tag nicht verwendbar sein, der vor mir liegende Nachmittag steht noch ungenutzt herum. Ich mache einige Erledigungen, von denen ich bis heute nicht weiß, wie ich sie früher noch neben meinem Dienst schaffen konnte, aber der Nachmittag hält mir, freundlich lächelnd, immer noch einen Rest Zeit zur beliebigen Verwendung entgegen.

Ich beschließe, gerade heute noch das letzte bisher Aufgeschobene zu erledigen, und fahre zu einem zweiten Altersheim. Es ist leicht zu erkennen, dass dies ein gehobenes Heim ist, mehr Raum, mehr Licht, weniger Menschen, mehr Stille, auf jedem Tischchen Blumen. Nun gut, es ist schon spät am Nachmittag, das Personal ist zum Teil nach Hause gegangen. Ich durchwandere menschenleere Gänge – alles ist so leer und still, dass mir der Gedanke kommt, dass selbst die Hoffnungslosigkeit (die sich doch später in beseligendes Licht verwandelt hatte) davongelaufen sein muss.

Der Jugendfreund, den ich besuche, ist noch stiller und stummer als mein anderer Freund. Er liegt seit zwei Jahren im Koma. Eine Hand gekrümmt, kühl, die andere Hand weich und schlaff und warm.

Sie sei sicher, dass er alles wahrnehme, sagt seine Frau Sylvia, die an der Bettseite sitzt. Ich fasse ihn an, lege die Hand auf seine Brust, versuche freundliche und beruhigende Worte.

Er reagiert auf jedes Wort von mir, sagt Sylvia mit Nachdruck.

Ich bemerke nichts, aber ich glaube ihr dennoch.

Sylvia spricht immer leise, aber deutlich. Ihr Blick ist ruhig und eindringlich. Sie ist jünger als Manfred, der hier vor mir liegt. Seit zwei Jahren kommt sie nach dem Dienst gegen Fünf hier hin, sitzt bei ihm, spricht zu ihm, hilft der Schwester beim Umbetten. Sie ist die Personalchefin eines Unternehmens mit achthundert Mitarbeitern. Wie so ein stiller, unaggressiver Mensch dahin gelangen konnte, ist schwer verständlich.

Wenn man ihr aber begegnet ist und weggegangen, weiß man plötzlich, es steckt ein großes Potenzial stiller Kraft in ihr. Oft muss sie an einem einzigen Tag sechzig, siebzig Gespräche führen. Sie hat die gemeinsame Wohnung aufgelöst und ist in die Nähe des Heims gezogen. Von dort geht sie nach neun Uhr abends nach Hause, dreihundertfünfundsechzig Mal im Jahr. Dort arbeitet sie noch für die Firma.

»Ich bin zufrieden«, sagt sie. »Ich mache es gerne. Wir haben spät geheiratet. Auch, wenn jetzt alles anders ist, wir sind wir doch wenigstens noch zusammen.«

Kürzlich habe ich erfahren, dass sie Religionswissenschaft und Germanistik studiert hat. Irgendjemand, vielleicht waren es Verwandte, muss erkannt haben, was in ihr steckt.

Während des Umbettens gehe ich hinaus. In einer Art Lounge draußen spüre ich Hotelatmosphäre, lediglich einige weißlackierte Servierwagen murmeln von Krankheit und Alter.

In diese Welt ragt das Schicksal hinein. Es legt den Finger an die Lippen, hier gibt es nichts zu sagen.

Sonntagmorgen
im Schwimmbad

Heute, Sonntagmorgen, bin ich nach dem Kaffee wieder gleich zum Schwimmbad gefahren. Durch die Glaswände des Schwimmbades schaut dämmernd der graue Regentag.

Viele von denen, die da herumschwimmen, kenne ich.

Im Wasser spähe ich umher, welcher Kopf zu dem vor mir strampelnden Körper gehört, den ich soeben unter Wasser vorbeischwimmen sah, und ob ich ihn kenne. Im Laufe der Jahre habe ich von vielen Schicksalen erfahren, Berichte über Operationen, Ehe- oder Familienzustand gehört.

Viele ältere Männer kommen täglich, trinken danach regelmäßig ihr Bier im Restaurant oben auf der Empore.

Ich ruhe mich jetzt auf der Bank am Beckenrand aus, um gleichzeitig das gleißende Sonnenlicht aufzunehmen.

Ich sehe Wolfgang heranschwimmen, schlank, noch muskulös, frisches Gesicht, glitzernde, hellblaue Augen. Er ist Siebenundachtzig, treibt Sport, lebt allein, geht ins Gasthaus essen. Unter der Dusche hat er einmal erzählt, dass in seinem Leben nicht alles leicht und glatt verlaufen sei, vor allem gab es Krankheiten. Aber er hat eine Freundin.

Seine Bahn wird geschnitten von Friedrich, der noch älter ist als Wolfgang.

Der erzählt oft vom Krieg in Russland. Es passe ihm nicht, dass er jetzt schlecht sehe und oft schwindlig werde. Wo ich im Krieg gewesen sei?

Ihm selbst mache nichts mehr Spaß. Er hat mich einmal gefragt, ob es richtig sein könne, wenn man irgendwas einnähme, Schluss mache. Am Ende hat er aber gelacht und gesagt, so etwas tue er natürlich nicht.

Jetzt ist Wolfgang gerade auf gleicher Höhe mit mir. Mit seinen alten Augen hat er mich erkannt und nickt mir zu. Er gleitet ohne besondere Anstrengung vorwärts, zeigt, wie wohl er sich im Wasser fühlt. Sonnenflecken tanzen um ihn, hellgrün schwappt das Wasser. Feiertagsstimmung.

Wolfgang blickt mich bedeutungsvoll an und ruft: «Uns geht es ja doch gut."

«Du hast es genau getroffen", sage ich.

Dann mache ich einen Durchgang in der Sauna. Hier war immer schon ein Altherrenclub, lauter Grauköpfe, wie sie oft vormittags auch im Getriebe der Stadt überwiegen.

Die hier sind fast alle gut situiert, fast alle strahlen Selbstbewusstsein und eine Art von Kompetenz aus, vielfach Geschäftsleute.

Das braune Holz der Saunawände schimmert. Ab und zu zischt ein Aufguss. Die zufriedenen alten Männer sitzen links und rechts neben mir. Hier fühlen sie sich sicher, darum kommen sie gern.

An mir rinnt bereits der Schweiß herunter.

Das Wohlgefühl räkelt sich in Bademänteln wochenendselig auf den Liegen. «Das ist der beste Augenblick der Woche", sagt ein großer, rundlicher Beamter mit Kindergesicht; eine Frau, die Diätküchenchefin in einer Klinik war, kommt mit gerötetem Gesicht aus dem Schwitzraum; der alte Flugzeugingenieur, den 1945 die Russen mit nach Moskau genommen hatten, grüßt aufmerksam und kollegial, und ich fühle mich längst aufgenommen in der Gemeinde freundlichen Einverständnisses, worin auch immer dieses besteht. Wahrscheinlich gehört auch dazu, dass man nicht ganz arm zu sein hat.

Heute sind wenige Frauen anwesend. Auch das gehört zum Einverständnis: Körperliches, insbesondere Geschlechtsspezifisches, wird nicht beachtet; nicht, ob ein Frauenhintern länglich oder halbkugelig ist; dies alles verursacht nicht einmal geheime Erregung. Wer so empfindet – und hier empfinden wohl alle so –, der gehört schon einer gewissen Elite an.

Immer wieder erfahre ich Neues, Erstaunliches in der Sauna. Manchmal sind es simple Dinge, aber ich habe dennoch nie von ihnen gehört. Es gibt eine Pflanze, die «fette Henne« heißt. Ich finde das unglaublich. Ein andermal wollte mich ein Hobby-Imker überreden, mir unbedingt einige Bienenstöcke anzuschaffen. Die Welt würde völlig anders für mich aussehen, wenn ich erst einmal über eigene Bienen verfüge. Und sie stächen ganz selten!

Der freundliche, füllige Mann mit den Bienen sitzt heute schwitzend eine Bank höher. Er lacht gerne, er lacht meistens, auch heute, als er von einem kürzlichen Unfall mit grausigen Verstümmelungen der Opfer berichtet.

Dieses Thema ist für einen bärtigen älteren Mann wieder Anlass, von seinen Gelenkschmerzen zu berichten. Ob es eigentlich nicht besser wäre, einfach Schluss zu machen? Dann spürte man nichts mehr.

Schon wieder denkt einer an Selbstmord in dieser friedlichen Welt. Ich versuche, ihm diesen Gedanken auszureden. Die Welt, die schöne Natur, dieser abartige Anblick von Leuten, die sich umgebracht haben, überhaupt, die barbarischen, schmerzhaften Methoden, deren es bedarf – nein, dann doch lieber abwarten.

Der Imker aber weiß einen Vorteil des Selbstmordes zu nennen: Man kann sich seine Ersparnisse, sein restliches Geld so genau einteilen, dass es mit dem Hinscheiden auch aufgebraucht ist.

Bevor ich sterben muss, denke ich, möchte ich noch einmal ins Vorgebirge. Im Sommer, an einem heißen moosgrünen Nachmittag, im Sonnendunst.

Was für ein Unsinn! dachte es gleich darauf in mir. Alle moosgrünen Nachmittage, die du hattest, sie sind verschwunden, es passiert überhaupt nichts, das nicht sofort verschwände, alles passiert sozusagen umsonst. Es lohnt nicht, es zurückzuwünschen, es lohnt nicht einmal, sich Zukünftiges herzuwünschen.

Ich stehe auf, gehe nach nebenan in den Nebel des Dampfbades.

Das Leben geht ungeachtet aller Einsichten weiter, denke ich.

Sonntagmorgen
mit Tiefgang, Frauenfiguren und Kuh im Garten

Die Bäckerei ist zunächst menschenleer. Die Bäkkerin ist in einem winzigen, offenen Nebenraum verborgen, aber sie kommt sofort heraus, wenn sie jemanden eintreten hört.

Diesmal kommt als erste eine bisher Unbekannte, eine ältere, schlanke Frau. Ihr kleines Auto steht vor dem Schaufenster. Sie unterhält sich mit der Bäckerin, und ich erfahre, dass es sich um eine pensionierte Krankenschwester handelt. Gestern ist sie umgezogen, sie wohnt nun in einem Generationenhaus, ältere Leute, junge Ehepaare, auch Alleinstehende, aber alle scheinen sich innerhalb ihrer Kirchengemeinde gefunden zu haben. Ganz wunderbar sei es, plötzlich wieder so viele Beziehungen zu haben.

Vor einer Woche war sie auf dem Kirchentag. Die Bischöfin Käßmann habe sehr klar und engagiert gesprochen, aber eben »protestantischer«, sagt sie, jedoch der folgende Redner, ein Theologe und Philosoph, der habe auf einer anderen Ebene geredet, und der große Unterschied sei ihr aufgefallen.

Ich frage vorsichtig – was für ein Unterschied?

Nun, er habe gesagt, eine wichtige Grundlage des Glaubens sei heute mehr die persönliche Begegnung mit Gott.

Die meisten genieren sich heute, so zu reden, denke ich. Sie sagen lieber, dass sie sich dem Spirituellen nähern. Sie sagen zwar, dass sie an Höheres glauben, aber sie gehen selten in die Kirche. Bevor die Kirche anfängt, mir Leid zu tun, fahre ich noch zu meiner Tankstelle, tanke, schaue nach dem Öl, zahle, gehe aus dem Tankstellen-Gebäude:

Makelloser, hellblauer Himmel über mir, ein grünlackierter Maschendraht, dahinter kurzgemähter Rasen, ein tiefbrauner Holzschuppen, dahinter Hecken, krüppelige Obstbäume, helle Früchte daran, Sonne, Schönheit zum Vergehen.

Ich beschliesse, den Vormittag abzurunden und noch glücklicher zu sein, fahre drei Kilometer weiter zum Atelier von Bildhauer und Maler Lange. Hier ist alles noch ein bisschen schöner, uralte Fachwerkhäuser, nur einzelne unterscheidbare Geräusche in der Stille, das Kalkwerk nebenan, das Flüsschen mit seinen Auen, die weiß gekälkte Atelierhütte mit grünlackierten Holztüren, Schlösser davor.

Der Künstler ist abwesend, aber ich spähe durch das kleine Fenster, um zu sehen, ob er vielleicht heute hier war.

Er ist nie ganz abwesend. Auf dem Hocker mit Gipsresten steht eine halbgefüllte Kaffeetasse, über einem hochschraubbaren Ständer liegt ein vielfach befleckter Arbeitskittel – und sehr viele Frauenskulpturen, liegend, sitzend, sinnend. Frauen bewirken schon viel, wenn sie einfach nur da sind wie diese hier...

Auch, wenn der Künstler hier ist, wird er nie allein sein, denke ich. Immer wird er etwas in sich fühlen, das er liebt.

Freilich, vielleicht scheint es manchmal weg zu sein, dieses Etwas. Dann ist es gekränkt, erwartet, dass man ihm mehr Platz verschafft.

Jetzt ist Friedrich Lange doch noch eingetroffen, heran surrend auf einem Motorroller, sturzhelmbewehrt, unter dem Helmrand entschlossen aussehend wie alle Helmbewehrten.

Ob ich mir im Atelier etwas Besonderes ansehen will? Nein, heute nicht, ich war ja erst kürzlich da, ich wollte nur einige Augenblick lang die Fremde erleben.

Die Fremde?

Ja. Ausprobieren wie es ist, wenn es niemanden gibt, der einen kennt. Auch die Häuser hier werden sich nicht an mich erinnern, kein Mensch, kein Kneipenwirt. Die Düssel in einigen Metern Entfernung plätschert so gleichmütig wie schon vor meiner Ankunft.

Lange nickt ernsthaft und zustimmend. Was immer jemand empfindet, es ist ihm erst einmal Recht.

»Wenn mich niemand kennt, schon gar nicht mein Leben, das hinter mir liegt«, sage ich, »dann kann ich ausprobieren, wer ich dann noch bin. Das geht nur dort, wo ich fremd bin.«

»Ich glaube, es ist schrecklich«, meint Lange mit ironischem Augenzwinkern. »Sogar wir Künstler halten uns ja noch irgendwo fest.«

Auf einem gipsstaubbedeckten Tischchen serviert er zwei Kaffeetassen mit blauen Kringeln. Den Kaffee hat ihm seine Frau in einer Kanne mit auf den Weg gegeben.

Für mich ist es Zeit, mich daheim zum Mittagessen einzufinden. Da kann ich mich wieder an meiner Umgebung festhalten.

Wir sitzen als Großfamilie am Esstisch, und meine Frau berichtet, sie habe gestern im Fernsehen eine Dokumentation über Heimkehrer gesehen, Russlanddeutsche, die Deutschland wieder verlassen, um nach Sibirien zurückzukehren, das sie mehr als Heimat empfinden. Das haben sie hier erkannt. Unser Land ist für sie die Fremde geblieben.

»Ungeheuerlich«, sage ich. »Wo hier doch alles so gut ist«.

»Ja«, sagt sie, »aber die Weite der Landschaft dort, die Stille. Sie weiden ihr Vieh, melken ihre Kuh …«

»Es bleibt unverständlich«, sage ich. »Eine Kuh müsste sich hier doch auch finden lassen. Und eine Wohnung mit einem größeren Garten.«

Ich solle keinen Unsinn reden, sagt Oma, und ich solle die Sehnsucht dieser Leute ernst nehmen. Sie wäre auch lieber wieder in Berlin.

Berlin ist nicht Sibirien, denke ich. Aber die Russlanddeutschen werden wissen, woran ihnen mehr liegt.

Sonntagmorgen
mit psychologischer Beratung

Bevor ich hinauffuhr – mein Wald liegt auf einem Höhenzug unserer hügeligen Stadt – und bevor ich nach längerem Rundgang zu meinem Stehcafé fuhr, habe ich es im Spiegel gesehen:

Mein Haupthaar wird dünner, ja, es schwindet sogar. Mit Schaudern stelle ich mir vor, wie mein völlig unbehaarter Kopf aussehen wird. Als Affe, der ich ja nach der Evolutions-Theorie bin, stehen mir eigentlich Haare zu. Der Gedanke, dass gut aussehende Männer trotz Glatze beeindrucken und dass man sie täglich zu Dutzenden sehen kann, tröstet nur schwach.

Es gelingt mir, bei der Haupt-Bäckerin das Gespräch auf dieses bedrängende Thema zu bringen. Ich fange es geschickt an, bemerke, dass sie wohl neuerdings beim Friseur gewesen sei. Sie ist geschmeichelt, bemerkt aber abwiegelnd, es sei einfach nötig gewesen. Das wiederum gibt mir Gelegenheit, scheinbar ohne innere Anteilnahme zu bemerken, bei mir sei es infolge schwindender Haare immer seltener nötig. Sie darauf, offenbar psychologisch geschult, weist dies zurück; betont, an den Seiten sei es eben besonders dicht bei mir.

Nach diesem Zuspruch sieht die Welt schon ganz anders aus. Ich sehe die Häuser der Siedlung, Bäume, Sträucher, rissigen Asphalt, prall und deutlich ins Sonnenlicht treten und fühle mit jenem krebskranken Regisseur, von dem ich gestern in der Zeitung den Ausspruch las: »So schön kann es im Himmel gar nicht sein«.

Ich gehe noch weiter als er, ich denke: Vielleicht ist die Welt und der Mensch gar nicht so sinnlos entstanden, wenn doch unzählige Bedingungen erfüllt sein mussten, damit so eine Welt wie unsere und solche Menschen wie wir überhaupt entstehen konnten. Mein Freund Fariborz, ein jordanischer Arzt, redet immer von Proteinen und anderen Dingen, die das geschafft haben, und er verlangt wissenschaftliche Nachweise für alles, was darüber hinausgeht. Ihm möchte ich sagen: »So intelligent können Proteine gar nicht sein.«

Aber nun, da mir Fariborz eingefallen ist, will ich ihm auch Guten Morgen sagen. Er wohnt nämlich nur fünf Fahrminuten entfernt. Er lebt allein, hat zwei Katzen, arbeitet tagsüber in der Klinik und wird wütend, wenn er jemand etwas behaupten hört, was er lediglich glaubt, aber nicht beweisen kann.

Obwohl mir mein Haarausfall selbstverständlich vollständig gleichgültig ist, gerät das Gespräch seltsamerweise, ich weiß auch nicht warum, dann auf die Frage von Haarwuchs und Haarausfall. Fariborz scheint sich nicht darüber zu wundern, er schaut mich kurz an und berichtet dann von einem Freund, dem diese Haar-Verdünnung schon in jüngeren Jahren widerfahren sei. Er habe damals sofort eine Gegenmaßnahme ergriffen und sich eine Perücke konstruieren lassen. Von einem Tag auf den anderen stand er plötzlich völlig verändert vor Fariborz, ja, er hatte seine Identität verloren. Aber ihn zierte ein prächtiger mittelbrauner Wuschelkopf.

Inzwischen sei er älter geworden. Statt wie wir anderen in mehr oder weniger Ehren zu ergrauen, bleibe er jugendlich mittelbraun. Manchmal klage er darüber, dass er unter der Perücke schwitze. Aber was solle er tun? Sich zehn abgestufte Perücken anfertigen lassen? Anscheinend wolle er das nicht. Er sei ein Gefangener seiner Perücke. Fariborz weiß nicht, was er ihm raten soll.

»Auch Grau ist nicht so schön«, sage ich. Selbst wenn man seine Haare behält, werden sie grau, denke ich. Es gibt kein Entkommen.

Bei gefärbten Haaren sieht Fariborz wenig Bedenkliches. Das sei reversibel, und jeder solle es halten, wie er möchte. Schließlich könne man die Haarfarbe zum Outfit zählen, und das müsse veränderbar bleiben. Vielleicht habe seine nächste Freundin rote Haare.

Dann holt Fariborz die Kaffeekanne, schenkt ein, blickt mich voll an und sagt: »Ich weiß nicht, warum die Leute immer anders sein wollen, als sie sind. Das Ganze ist ein riesengroßer Irrtum und eine riesengroße Dummheit: Wie wir sind, körperlich und charakterlich, das sind wir! Wir wollen überhaupt niemand anders sein. Wir sind dick, dünn, knochig, hager, fett, haben Hakennasen und Stupsnasen, sind unverwechselbar. Ich kann gar nicht so laut schreien, wie ich es einhämmern möchte: Leute, nehmt euch, wie ihr seid. Es ist ein einmaliges Geschenk.«

»Genau!«, sage ich. »Das alles würde Schlingensief wahrscheinlich genau so sehen.«

»Wer ist Schlingensief?« fragt Fariborz.

»Einer wie du und ich«, antworte ich. »Ein Theatermann, der sehr krank ist. Dann will man als der leben, der man ist.«

Morgen
und anschließende Missverständnisse

Heute ist es böig. Die jähzornigen Windstöße fegen über die Strecke, die ein Höhenweg ist, sie raufen den grünen Haarschopf des Waldes. Auch das Gesträuch duckt sich, in kleinen Lichtungen hat sich blinkendes Wasser gesammelt. Es ist nicht verwunderlich, dass bei diesem Wetter nicht viele Läufer und Walker zu sehen sind, zumal Werktag ist.

Ich versichere mir, dass niemand mich zwingt, mich zu überanstrengen oder einen sportlichen Eindruck zu machen, laufe langsamer durch das Spalier der braunen, schlanken Stämme rechts und links von mir, denke flüchtig darüber nach, ob sich der Wald der verstorbenen Läufer, die er jahrelang beobachtet hat, erinnert, und überhaupt, wie jetzt das Verhältnis der beiden Gruppen zueinander sein mag. Und wie der Wald zurecht kommen wird, wenn ich einmal nicht mehr laufen werde …

Ich weiß nur, dass du immer von Angst erfüllt warst, wird der Wald zu den meisten sagen, dass du aus der Welt fallen könntest. Diese Spekulation hat viel für sich, denke ich.

Da ist es in der Bäckerei schon anheimelnder und tröstlicher. Der Trost kommt von Kaffee und Brötchen, den ersehnten Freudenbringern des Morgens.

So empfinden es sicherlich auch die einzelnen Kaffeegäste, die nacheinander erscheinen und neben mir, oder am kleinen Rundtisch, oder draußen vor dem Schaufenster trotz Wind und einzelnen Regentropfen, in ihre Zeitungen eintauchen. Weiterer Trost kommt vom höflichen Nachfragen der Bäkkerin nach meinen Bedürfnissen, zwei halbe oder geklappt, den Leberkäse warm oder kalt? Hier weiß man, dass ein Mann umsorgt werden muss. Fürsorge, die dennoch mit Höflichkeit und Diskretion gepaart ist – niemand fragt, ob man dick oder dünn ist, mit dem Rauchen kämpft oder schon gesiegt hat, eine Frau hat oder nicht, beim Essen zurückhaltend sein muss oder nicht, und wenn, warum. Im Gegenteil, hier wächst ständig das Gefühl, richtig zu sein, ja, vorbildlich, und im Übrigen alles richtig zu machen. Diese Menschen, die uns zum wahren Menschsein verhelfen, werden viel zu schlecht bezahlt, denke ich.

Der Tag setzt sich fort in Schwimmbad und Sauna. Auch hier sind mir weitere Freuden versprochen. Ich erinnere mich an einen freundlichen, fettleibigen Saunagenossen, der sich im Schwitzraum niederließ und sagte: »Das ist der schönste Augenblick der Woche. Hier bin ich glücklich. An nix denken.«

Zunächst gehe ich heute nach unten zum Schwimmbecken, um mein Sport-Pensum zu absolvieren. Ein jüngerer Mann mit offenem, freundlichem Gesichtsausdruck streckt mir die Hand entgegen – rechtzeitig fällt es mir ein, ich kenne ihn vom Saunieren …

»Tag, Alexander«, sage ich erfreut. Ich weiß, er ist aus Kasachstan, arbeitet irgendwo in der Produktion.

Man kennt diese Leute aus den slawischen Ländern. Ich weiß nur, dass fast alle ständig rauchen, auch die Frauen. »Sie rauchen doch?«

»Ein bisschen«, sagt er. Ich warne ihn, sich hier nicht gleich zu überanstrengen. Raucher sind gefährdet. Er stimmt mir zu.

Es gibt eine Überraschung. Er hechtet ins Bekken, und ich muss sagen, noch nie sah ich hier im Bad einen so kraftvollen, souveränen Schwimmer. In Sekundenschnelle hat Alexander das Becken im Schmetterlingsstil durchmessen, und genau so schnell fegt er zurück, diesmal kraulend.

Vielleicht raucht er doch nicht so viel, denke ich.

Ja, in Kasachstan habe er an Wettkämpfen teilgenommen. Ein bisschen, sagt er bescheiden.

Man sieht es ihm an. Er ist geformt wie eine Statue aus dem alten Griechenland.

»Toll«, sage ich, »toll, dass Sie das alles noch leisten, neben Ihrer schweren Arbeit. Hat man selten, dass jemand dabei noch Sport treibt.«

So schwer sei die Arbeit nicht, sagt er. So eine Stunde Sport täglich müsse er einfach haben. Er sei so komisch.

Aha. Ich werde unsicher. »Ihre Frau arbeitet sicher nicht? Schon wegen der Kinder«, frage ich. Diese Leute haben zuhause eine Frau, die diese Weißkohlsuppe kocht, ich glaube Borscht heißt die, und um die herum sich die vielen Kinder auf dem Boden wälzen.

Einen Sohn habe er. Aber der weiß sich schon zu helfen. Seine Frau sei beim Ballett.

Wo? In der Schneiderei? Oder bei der Reinigungskolonne?

Nein, sie tanzt. Hat sie schon immer gern gemacht. Die brauchten sie auch hier beim Ballett.

Aha.

Jetzt muss ich nur noch erfahren, wie und wo Alexander haust. Eine Wohnung hat er sicher. Diese Leute bekommen ja gleich bei ihrer Ankunft eine Drei-Zimmerwohnung mit Gästetoilette.

Da und da wohne er, sagt Alexander. Ist ein bisschen weit bis zu seiner Firma. Und natürlich manchmal unruhig. Aber da hat er eine Lösung gefunden.

»Ein gebrauchtes Auto?«

Sicher, ein Auto. Nein, er meine es anders. Hier, gegenüber habe er ein kleines Appartement, in das er sich manchmal zurückziehe. Abends, oder auch manchmal für einen Tag.

Aha. Das ist es. Fremdgegangen, zerrüttete Ehe, Schnaps.

»Das war sicher eine schwere Zeit für Sie und Ihre Frau«, sage ich. »Wenn alles in die Brüche geht. Man sitzt abends herum, trinkt – trinkt noch einen –»

Nein, nein. Er arbeite da, nur ein bisschen selbstverständlich, er lese, schreibe …

»So technisches Zeug?«

»Ja, auch das. Aber auch anderes.«

»Anderes? Was denn?«

»Alles Mögliche.«

»Kann ich mir nicht vorstellen.«

Er grinst verlegen. »Manchmal auch Gedichte.«

Diesmal denke ich nicht einmal Aha. Ich mache einen letzten Versuch, den Mann zu entlarven. »Und was sagt Ihre Frau dazu?«

Die benutze das Appartement auch manchmal. Sie brauchten beide manchmal das Alleinsein.

In Kasachstan muss es furchtbar sein, denke ich. Wenn die Menschen zu solchen Mitteln greifen.

Donnerstagvormittag
mit Hinweis auf Mogadischu

Ich habe die Bäckerin gefragt, ob sie einen Zahnarzt kennt, der Zähne ohne Bohren behandelt. Das soll es neuerdings geben, ich habe es in der Zeitung gelesen

Nein, hat sie gesagt, so einen kennt sie nicht. Aber sie hat den besten, den es hier in der Stadt gibt. Ich soll unbedingt hingehen.

Wieso? Ich hätte doch nichts, sage ich heuchlerisch.

»Nur, damit Sie ihn schon einmal kennen. Ein großartiger Arzt. Er sieht Ihnen sofort an, worum es geht. Und er versteht einen so.«

Jetzt weiß ich Bescheid. Sie ist wie alle Leute. Alle wollen, dass man zu ihrem Zahnarzt geht.

»Sie denken dabei gar nicht ans Bohren, wenn er mit Ihnen redet. Sie wissen sofort, dass er es richtig macht.«

Das machen alle, denke ich. Sie wissen alle zunehmend besser, wie man ausführliche Rechnungen schreibt.

»Und Ihnen tut wirklich nichts weh?« fragt die Bäckerin.

»Nein. Natürlich nicht.« Sie soll sich um ihre Brötchen kümmern, denke ich.

Nein, hier werde ich zu meinem Problem keine Orientierung finden. Ich fahre über sehr schmale Landstraßen zu meiner Tankstelle, die inmitten grüner Wiesen liegt. Der Himmel ist wolkenlos, die Sonne strahlt, die Halme der Wiesen wiegen sich, der Wind rauscht dazu die Melodie.

Der muskelgewaltige Bruder des Inhabers kreuzt meinen Weg mit einem Traktor plus Anhänger. Meine traditionelle Zapfsäule ist noch belegt durch einen Mercedesfahrer mit grauem Stoppelbart, der mit kraftvoller Bewegung die Wagentüre schließt und den Zapfhahn ergreift. Ein fügsam aussehender junger Mitfahrer steigt ebenfalls aus und wartet geduldig. Ich ahne finanzielle Unabhängigkeit und Herrschaftsbewusstsein.

Das Wichtigste für mich: Alle diese kraftvollen Männer um mich, der Inhaber, der Traktorfahrer, auch der Junge da, der Braungebrannte jetzt mit dem Geländewagen, sie alle sehen so aus, als ob sie niemals Probleme mit ihren Zähnen hätten. Sie denken nicht einmal daran, fühle ich. Nur ich denke daran.

Am Nachmittag gehe ich wieder in die Sauna, und, was soll ich sagen, ich stoße schon wieder auf Alexander aus Kasachstan.

Er sitzt, munter, aufmerksam und schweißbedeckt auf der obersten Stufe des Schwitzraumes.

»Was ich Sie noch fragen wollte«, sagt Alexander nach einigen Minuten, »haben Sie eigentlich Probleme nach dem Rauchen? Weil Sie beim letzten Mal so genau danach gefragt haben.«

Nein, hätte ich nicht. Das Rauchen hätte ich mir schon lange abgewöhnt, vor zwanzig Jahren, während einer Bronchitis. Nur Oma, 98, sei mir eingefallen, die klage manchmal, dass sie es vermisst, nicht ab und zu eine Zigarette rauchen zu dürfen. Ob es gesund sei oder nicht, sie habe sich dabei immer sehr entspannt. Der Arzt habe es ihr natürlich verboten. Aber die Ärzte wüssten auch nicht alles, sagt sie immer. An die hätte ich bei dem Thema gedacht, und an meine Bäckerinnen, von denen zwei rauchen.

Alexander hat Verständnis. Es sei für die meisten schwer, sich so etwas abzugewöhnen. Er habe es auch lange nicht geschafft. Bis er eines Tages …

»Was war da? Wissen Sie, ich habe jetzt ein Buch gelesen, »Die Macht des Unbewussten«. Seitdem verstehe ich einiges von Psychologie.«

»Tatsächlich?« Alexander macht ein respektvolles Gesicht.

Nun, ihm sei es vor etwa fünf Jahren passiert, sagt er. Als er zum soundsovielten Male mit seinem Versuch, aufzuhören gescheitert sei, habe er sich gesagt: So geht es nicht. Jetzt schalte ich um, jetzt frage ich nicht mehr nach meinem Gefühl, wenn es überhaupt eines ist, ich denke nicht weiter darüber nach …

Alexander merkt, dass er es nicht erklären kann. Ich verstehe ihn, aber ich kann es auch nicht erklären. Man ruft eine manchmal auftauchende, unerklärliche Gestalt in sich wach, sie richtet sich auf, und sagt, ich will, ich gebe nicht mehr vor, darüber nachdenken zu müssen, denn das ist der alte Versuch der Selbsttäuschung …

»Es ist wie ein Klick im Kopf«, sagt Alexander. »Seitdem mache ich das nicht nur beim Rauchen so, sondern bei allen Sachen, über die ich mir klar geworden bin.«

Der Klick. Ich verstehe noch besser. Man ist so, wenn man ein Heiliger wird, oder wenn man wie Helmut Schmidt über den Einsatz in Mogadischu entscheiden muss, oder gar zu heiraten beschließt oder zum Zahnarzt zu gehen, wenn es sein muss.

So sollte ich auch sein. Ob ich im nächsten Leben so werden sollte wie Alexander? Oder doch lieber wie ich? Aber mir ist, wie fast jedem vernünftigen Menschen, klar, dass es besser und sicherer ist, überhaupt nicht mehr auf die Welt zu kommen.

Am nächsten Tag bin ich dann doch zum Zahnarzt gegangen.

Sonntagabend
und ein Brief, und wie David starb

Der Sommertag endet ohne Ereignisse. Heute Abend ist nichts von der Großfamilie zu sehen. Die Kinder sind abgereist und sitzen bereits in ihren Studentenbuden.

Meine Frau arbeitet im Nebenzimmer an einer Abrechnung, Oma sitzt vor dem Fernseher. Ich habe noch nicht hingeschaut, was da gerade läuft.

Ich bemerke nur, wie rasch die Zeit läuft. Sie läuft am Fenster vorbei, sie entweicht durch die halb offenen Türen, sie eilt mit den grauschwarzen Regenwolken über den Nachbarhäusern davon. Sie läuft keinem tröstenden Ziel entgegen, das Ziel ist immer das Ende. Gäbe es heute Abend Besuchstermine oder Veranstaltungen, so würden sie sich vor die fort eilende Zeit schieben, sie würde scheinbar aufgehalten, aber das stimmte nicht, denn auch wir und unsere kleinen Ereignisse fließen mit uns davon.

Von alledem merkt Oma nichts. Sie schaut in den Fernseher und erlebt ein Klavierkonzert von Beethoven. Der Pianist bewegt die Lippen beim Spiel, die Geigerinnen bewegen die Oberkörper, die Klänge schweben durch den Raum. Ich möchte denken, dass ihnen die Zeit, die verdammte, nichts anhaben kann.

Ich lese Chavas Brief zum zweiten Male. Sie berichtet vom Tod ihres Freundes David. Über seine Krankheit hatte sie uns informiert.

Chava ist unsere Freundin, die in einem israelischen Kibbuz lebt. Obwohl alt geworden, pflegt sie immer noch Gärten im gesamten Areal. Der Kibbuz liegt nahe am See Genezareth.

Chava hatte erzählt, dass David mit einem Stammhirntumor im Sterben lag, er habe sich nicht operieren lassen, weil das Ergebnis sehr ungewiss gewesen wäre. Er hatte ihr bis zuletzt bei der Pflege des Landschaftsgartens im Kibbuz geholfen. So lag er nun in seinem Zimmer im Kibbuz, sah durch das offene Fenster auf die schattigen Bäume davor und streichelte seinen schwarzen Hund, der bis zum Ende bei ihm bleiben durfte.

David war Journalist. Bis in die Nacht hatte in den zwanzig Jahren, die er im Kibbuz lebte, seine Schreibmaschine geklappert.

Mehrmals täglich kam Chava aus ihrem Haus herüber und setzte sich zu ihm und sprach mit ihm, redete auch weiter zu ihm, als er schon nicht mehr sprechen konnte.

Er lag mit einem aufmerksamen Gesichtsausdruck im Bett, schlief, wachte auf, sprach mit Chava. Auch nachts wachte er manchmal auf und streichelte den Hund. Vielleicht vermisste er das Klappern seiner Schreibmaschine, aber er sah zum Sternenhimmel und erlebte seine biblische Nacht.

Schon früh am Morgen sah Chava nach ihm. Sie hatte einen jungen Filipino engagiert, der die gesamte Pflege des Kranken übernahm. Auch er saß oft schweigend am Bett. Er stand leise auf, wenn Studentinnen aus dem Haus hereinkamen. Sie setzten sich, fragten, ob David Wünsche hätte. Dann begannen sie leise zu singen, bis er einschlief. Sie kamen fast täglich.

Aus der Klinik kam der Arzt und gab ihm Medikamente gegen Schmerzen, sodass er fast schmerzfrei war.

Der schönste Augenblick war wohl für ihn, wenn etwa einmal in der Woche die Harfenspielerin kam, eine junge, stille Frau. Sie saß auf einem Hocker am Fußende des Bettes und spielte, wobei sie David unverwandt anblickte. Manchmal sang sie auch. Wie sie später Chava erzählte, waren es irische Volkslieder. Chava hatte es schon beim Zuhören vermutet, einfach darum, weil sie beim Zuhören bereits die Vorstellung einer irischen Landschaft hatte.

Während der letzten beiden Tage schien David nicht mehr bei Bewusstsein zu sein. Nach der Beerdigung räumte Chava seine Wohnung aus. Den Hund nahm sie zu sich.

Sonntagmorgen mit Donnerschlag

Neben dem Kaffeebecher liegt die aufgeschlagene Morgenzeitung. Erst jetzt merke ich, dass ich die Brille vergessen habe, es reicht nur zum Lesen der Überschriften. Das geht schnell, und nun blinzele ich mit aufgestützten Armen in den diesigen Morgen hinaus, auf die verstaubte Herde ausgesetzter Autos.

Einmal ertönt ein schrilles Signal nebenan, dann ist wieder eine Partie eben angelieferter Brötchen-Embryos aufgebacken. Die Bäckerin macht sich im Nebenraum zu schaffen. In Abständen kommen junge Männer, alte Männer, Kinder, zum Brötchen-Holen, dann ist eine Zeit lang Stille. Kann es sein, dass so ein Sonntagvormittag unbenutzt verstreichen kann, ohne dass jemand zugreift?

Einige Hundert Meter weiter hätte ich einen Blick auf fast den gesamten Stadtteil, der in einer lang gestreckten Talschlucht angehäuft ist. Morgen werde ich mit dem Auto hindurchfahren, einkaufen, zum Überweisungsautomaten an der Sparkasse gehen, in den Supermarkt unter leise dudelnder Musik eintreten, Wärme, ein buntes Gewimmel von Menschentypen um mich und an mir vorbei, jetzt einen Umschlag nach Übersee aufgeben, zur Poststelle …

Und jetzt fällt es mir ein: Diese lustlose Stunde, aber auch das tägliche Wohlfühlen-Wollen, alles dies kann mit einem Donnerschlag zerbersten, und dann kann uns ein Gefühl überkommen, das uns würgt wie eine eiserne Klammer.

In dieser Poststelle bin ich alle paar Tage. Der Pächter, ein älterer Mann mit Glatze, begrüßt mich, sagt, dass von diesem oder jenem Freund etwas in der Zeitung steht, bewahrt mich nach prüfendem Blick auf die Adresse vor zu hohem Frankieren. Ich frage nach seinem krebskranken Freund, den er versorgt.

Ja, er ist noch einmal bestrahlt worden, doch es geht, an Arbeiten ist aber nicht zu denken.

Der Postmann war früher Prokurist in einer Firma, die zugemacht hat. Jetzt hat er sein Imperium hier. Alle mögen ihn, obwohl er niemanden umwirbt oder jemand schmeichelt. Der ganze Stadtteil kennt ihn. Meine Nachbarin hat ihm von einer arbeitslos gewordenen, älteren Bekannten berichtet, auch die hat bessere Tage gesehen, hat sogar studiert. Der Postmann hat der Arbeitslosen eine Stelle besorgt.

So war dies alles vor dem Donnerschlag, der mich gestern erstarren ließ. Da war ich, wie oben beschrieben, in den Supermarkt eingetreten, und bereits im Eingang begegnete mir mein Postmann. Ehe ich etwas sagen konnte, beschied er mich: »Es ist geschlossen. Für immer.«

Er berichtet an meinem erstaunten Gesicht vorbei: »Ich habe einen Fehler gemacht. Da war eine Kassendifferenz, fünfstellig, das hätte ich der Postdirektion sofort melden müssen. Da warten die keinen Augenblick. Haben zugemacht. Aus.«

Ich denke, jemand hat gestohlen. Ich überlege, wem in seinem Umfeld ich es zutrauen würde, aber bisher hat niemand das Wort Diebstahl gebraucht.

Eines ist sicher: Mein Postmann war es nicht. Das würden zehntausend Bewohner unseres Stadtteils unterschreiben.

Es ist eine Geschichte wie eine Legende. Jedermann weiß, dass mein Postmann nicht stehlen kann. Er kann nur Gutes tun. Wahrscheinlich weiß es auch die Post. Wahrscheinlich denkt die Post: Wer so gut ist, dass er nicht merkt, wie er bestohlen wird; oder dass er glaubt, das gestohlene Geld würde irgendwie auftauchen, oder Angst hat, es zu melden, der kann nicht unser Postmann sein.

Mein Postmann wird mit seinem Freund in eine kleinere Wohnung ziehen müssen. Beide sind nicht mehr jung. Es wird keine Arbeit für den Postmann geben. Wird dieser Augenblick, wird diese Situation je für ihn vorbei gehen? Oder wird er sich bis zum Ende in ihr gefangen fühlen?

Inzwischen las ich eine Notiz in der Zeitung, der Fehler sei gefunden. Eine Einzahlung sei doppelt gebucht worden, aber der Postmann habe zu lange mit der Defizit-Meldung gezögert. Die Post bekommt eine Eins für ihre Prinzipien, aber eine Sechs für das Ergebnis. Alle hier im Stadtteil trauern einem Menschen mit zu weichem Herzen nach. Ein weiches Herz ist schädlich.

Montagmorgen
mit leichtem Knie

Vor den Kaffee haben sie die Pflicht zum Sport gesetzt. Aber zum leichten Traben reicht es heute nicht, plötzlich schmerzt das linke Knie. Ich schalte auf Walken um, und das ist auch ganz vergnüglich. Es lässt mir Zeit, beim Gehen die freundlichen Lichtinseln zwischen den Stämmen zu betrachten, die Hartnäckigkeit der abgesägten, und doch seit Jahrzehnten dem Zerfall widerstehenden Baumstümpfe zu bewundern, die belebende Asymmetrie der Baum-Ansiedlungen zu studieren, und immer wieder zu ahnen: dieser Wald ist mir wohlgesonnen.

Jetzt muss nur das Knie wieder schmerzfrei werden, geeignete Gymnastik-Übungen kenne ich genug.

Das Kaffetrinken in meiner Bäckerei beginnt befremdlich. Am Mammut-Dreieckstisch steht ein einzelner Gast mit seinem Kaffeepott, anscheinend Rentner wie ich, aber bald gesellt sich ein altes Ehepaar dazu, er anscheinend über Achtzig, sie vielleicht nicht ganz, aber im flotten Ledermantel und mit sportlichem, kurzen Haarschnitt. Die Drei unterhalten sich über irgendwelche Lampen, es wird nicht klar, ob es Birnen oder gar Scheinwerfer sind, der Einzelgast hat acht davon, will zwei verschenken, damit irgendwer endlich irgendein Problem löst, ich verstehe kein Wort, bin ausgeschlossen, stehe wortlos und sinnlos dabei. Es gefällt mir nicht.

Aber schon wenige Minuten später drängen auch Arbeiter herein, Spezialisten für Wasser- und Gasleitungen. Ich sehe an ihren Werksuniformen, dass sie für die Stadtwerke arbeiten. Es sind Acht, und auch sie verschaffen sich Platz an dem einzigen Tisch unserer kleinen Bäckerei. Ich raffe meine Zeitung zusammen, mache mich schmal.

Denen fällt nicht einmal etwas über Lampen ein. Sie trinken und essen schweigend, aber dieses Schweigen isoliert mich noch mehr. Diese Leute kennen einander wenigstens, aber mich können sie nur ignorieren. Das tun sie auch. Sie schweigen, wischen sich den Mund mit Servietten und zahlen an der Theke. Weg sind sie.

»Bei dem Wetter, und dann manchmal noch im Knieen, das könnt ich mit meinem kaputten Knie gar nicht mehr«, sagt der Achtzigjährige.

Dies ist der Ausweg für mich. Ich kann belehrend eingreifen, klare Anweisungen für die Behandlung des Knies geben, Empfehlungen zur Heilatmung gegen seine Bronchitis, warnende Hinweise zum Diabetes seiner Frau, die beachtliches Übergewicht hat. Ich zeige großmütig Verständnis für ihre Schwierigkeiten beim Reduzieren der Nahrungsaufnahme, mache ihr aber Hoffnung für die Zukunft.

Respekt und Dankbarkeit branden an mir hoch. Ich verabschiede mich dennoch rasch und gehe wieder in den Wald. Eine Runde würde mir noch Spaß machen. Und nun, beim raschen Gehen, anfersend, wohlgemerkt, fällt mir ein anderes linkes Knie ein, das »Light-duty-Knie« von Bruno. Ihn will ich kurz schildern.

Er fiel mir zum ersten Male auf, als er mit hängendem Kopf, tiefschwarzen Haaren und blassem Gesicht am Stacheldraht unseres Gefangenenlagers in Ägypten entlang spazierte. Unter dem Arm trug er einen Roman von Dickens, und am Gürtel hing eine Konservendose. Er trug sie bei sich für den Fall, dass plötzlich zur Essensausgabe gerufen wurde.

Bruno galt bei manchen als faul, weil er sich meistens sehr langsam bewegte. Trotzdem lernte er jeden Tag eine halbe Stunde Fremdsprachen. Er schimpfte zwar, dies sei ein verrückter Einfall gewesen, aber er behielt solche Gewohnheiten bis zum Ende der Gefangenschaft bei, gleichgültig, in welchen Kontinent man uns gerade verschiffte.

An einem sonnigen Morgen wurde in dem amerikanischen Lager, in das wir inzwischen transportiert worden waren, besonders laut geschrien und gepfiffen, um die Arbeitskommandos schnell in Marsch zu setzen, denn die Wache hatte zu spät geweckt.

Das Geschrei und die Hast verstimmten Bruno dermaßen, dass er gar nicht zum Lagertor ging, sondern sich grollend unter eine der hochbeinigen Baracken legte und einschlief. Nur seine Beine ragten noch hervor.

Auf seinem morgendlichen Inspektionsgang trat der amerikanische Captain auf eines der Beine von Bruno. Der Captain war selber entsetzt über seine unabsichtliche Rohheit, entschuldigte sich und ging mit Bruno zum Arzt. Der Meniskus schien verletzt zu sein.

Nach dieser Untersuchung brauchte Bruno fortan nur noch leichte Arbeiten auszuführen. Er hatte sein Light-duty-Knie.

Es war ein Glück, dass Bruno davon erfuhr, denn es war eine von den Verletzungen, die man später vielleicht nie mehr bemerkt.

Es fand sich selten Arbeit für ihn. So musste er oft lange Stunden im selbst gebastelten Liegestuhl verbringen, Romane und Mathematiklehrbücher lesen, zwischendurch ein leidendes Gesicht machen.

Diese, sagen wir einmal, zurückhaltende Position nahm er auch später ein. Nach Deutschland zurückgekehrt, meldete er sich zunächst nicht beim Arbeitsamt, was eigentlich verlangt wurde, sondern ging in seinem blau gefärbten Gefangenenmantel zu einer ausländischen Bank. Man wollte ihn anstellen, warum, wusste er nicht zu sagen. Ich denke, er machte eben einen sehr ruhigen und verlässlichen Eindruck. Ein Mann bei der Bank habe ihn ausgefragt, sagte Bruno, aber das missfiel ihm, denn er hatte sich noch nie gerne ausfragen lasse. Der Mann sei ins Schwitzen geraten, sagte Bruno.

Aber der Mann, der aus Spanien kam, war hartnäckig gewesen, er bot ihm Reise, Wohnung, regelmäßig bezahlte Deutschlandreisen an, so lange, bis Bruno endlich widerwillig sagte, er werde sich die Sache überlegen.

Er hätte sie vielleicht vergessen, wenn der Mann nicht nach einer Woche mit einem Vertrag erschienen wäre. Um langen Diskussionen aus dem Wege zu gehen, unterschrieb Bruno schließlich.

Nach einigen Jahren habe ich ihn damals in Spanien besucht. Er lag im Liegestuhl, ein Gärtner arbeitete zwischen den Sträuchern, eine Maid servierte uns Kaffee. Bruno blinzelte gegen den Himmel. Einmal sah er mich an, und in seinen Augen lachte Verschmitztheit und Gutherzigkeit. Solche Leute kann nur der liebe Gott zur Eile antreiben, denke ich heute.

In der letzten Woche hat mich seine Frau angerufen. Bruno, der inzwischen Neunzig geworden war, sei hingestürzt, war bewusstlos. Im Krankenhaus hatte man eine Gehirnblutung festgestellt, ihn in künstliches Koma versetzt, aber nach zwei Tagen starb er. Ich denke, er hat nichts gespürt – aber ich. Es tat weh.

Morgen
im Herbst

Der Herbst ist mein Nachbar geworden. Nachts weckt er mich auf mit tosenden Windböen, mit Blitz und Donner, morgens verstellt er das Außenthermometer auf unvorstellbare sechs Grad, vor der Haustüre ragt mir sein braunes, nasses Gesicht entgegen. Er reißt mir den Wunsch nach Promenadenfröhlichkeit und Leichtfertigkeit aus der Hand, er erinnert unbarmherzig daran, wie rasch die letzten zehn und mehr Jahre vergangen sind, und, schreit er, das sollte mit den letzten paar Jahren nicht auch so gehen?

Ich kann es mir nicht vorstellen. Ich denke darüber nach, während ich eine matronenhafte, ältere Frau neben mir an der Theke betrachte, füllig, gesunde Gesichtsfarbe, fröhlich blitzende Brillengläser. Sie ist bestimmt fünfzehn Jahre jünger als ich, aber ich sehe, das Leben hat sie müde gemacht. Im Turnverein ist sie im Unterschied zu mir bestimmt nicht. Sie verlässt den Laden mit wiegendem Gang.

Sonst erlebe ich nichts Besonderes an diesem Morgen in der Bäckerei. Außer den lästigen Gedanken über die Vergänglichkeit und die Welt überhaupt.

Ja, die Welt. Schon gleich nach der Geburt hatte ich die Überzeugung, dass es sie ohne mich nicht gäbe, und ganz bin ich diese Überzeugung nie los geworden. Von da wäre es eigentlich nur ein kleiner Schritt bis zu der Meinung, dass ich sie eigentlich nicht brauche, diese Welt. Aber wenn ich dann an einem Wochenende in mein Stammlokal gehe und mein Lieblingsgericht bestelle, dann tue ich es doch vielleicht auch, um unter Menschen zu sein, und nicht zuletzt, um zu erleben, wie wichtig ich für den Kellner bin, der schon vorher weiß, was ich will. Ein bisschen brauche ich die Welt doch noch.

Aber die Toten des vergangenen Halbjahres stehen, eingehakt Arm in Arm, mit dem Herbst vor mir auf. Der Freund, der im Koma lag, ist gestorben, aber die Beerdigung an einem sonnigen, windigen Frühlingsmorgen war – er verzeiht mir – von leiser Fröhlichkeit bewegt. Der Friedhof liegt an einem Hang hoch über unserem Tal, das läßt Überblick und Leichtigkeit empfinden. C. hat ALS bekommen und kämpft mit einem Personal Coach dagegen an; H. hat seit Kurzem eine heftig zitternde Hand; von zwanzig Klassenkameraden sind mit mir noch vier übrig geblieben; G. fliegt trotz Leukämie immer noch nach Mallorca und nimmt seine Frau, die einen Schlaganfall hatte, im Rollstuhl mit.

Das alles hat die Zeit geschafft, die ohne mich ja gar nicht vergangen wäre. Hätte ich sie anhalten sollen? Eigentlich versuche ich es manchmal, muss ich zugeben.

Mein Auto steht brav in einer langen Reihe in der nassen Vorstadtstraße. Am Bordstein ist schon Laub angehäuft. Noch kann ich Kranke besuchen und über Schicksale vorsichtig hinweg balancieren. Ich weiß, das wird nicht immer so bleiben.

Ich muss mich um die kümmern, die übrig geblieben sind. Ich werde Wolfgang und seine Frau im Pflegeheim besuchen, jenem, das an Kaiser Wilhelm erinnert, wenn auch nur von außen. Wolfgang wird es nicht übel nehmen, dass ich noch im Trainingsanzug bin, er wird es nicht einmal sehen, da er den Kopf nicht bewegen kann.

Ob sie noch im gleichen Zimmer lägen, zweihundertzehn, frage ich an der Pforte. Es sind gleich zwei Pflegerinnen hinter der Glasscheibe, sie blicken einander fragend an. Dann schüttelt die eine den Kopf: Nein!

Ich beginne etwas zu ahnen: »Sind sie gestorben?«

Kopfnicken.

»Beide?«

Wieder nickt eine. Dieser Herbst räumt sie weg, die alten Freunde. Wohin immer ich jetzt gehen werde, es wird nur vorläufig sein.

Wintermorgen
mit Schwimm-Fantasien

Vielleicht ist es der Schnee draußen, vielleicht ist es aber auch das eigene Gemüt – jedenfalls kommt der Morgen sehr langsam und mühsam voran. Nur ab und zu betritt ein Kunde die kleine, stille Bäckerei, in die sechs bis acht Kaffee trinkende Leute passen würden. »Ein größerer Raum«, sagte die Hauptbäckerin einmal, »daran denkt man schon mal. Aber vielleicht würde dann auch die Atmosphäre verloren gehen.«.

So schnell wird sich hier nichts ändern. Wir sind sicher inmitten der langen Zeilen von grauen, mehrstöckigen Wohnblocks. Zehntausende Menschen wohnen hier, aber sie scheinen nur wenige Kundschafter auszusenden. Diese Blöcke umgeben und schützen uns so, wie es die Mauern Babylons zur Zeit Nebukadnezars getan haben müssen. Sie türmen sich auf als Schutzwall, aber sie schaffen auch Isolation. Nirgendwo sind andere Geschäfte zu sehen, durch die diese graue Welt bunter würde. Nicht einmal ein Kiosk, einer der Kaufpaläste der ärmer werdenden Leute.

Manchmal stehen einige Männer draußen vor dem Schaufenster mit dem Kaffeebecher in der Hand. Andere stehen da, weil sie rauchen wollen. Dazu gehört auch eine muntere, mobile Pflegeschwester, der die Zigarette schmeckt. Ich hoffe, sie weiß, wie sie später vielleicht gepflegt werden muss, denke ich – aber das ist kein wirklich mitmenschlicher Gedanke. Ich schiebe ihn mit Abscheu beschämt beiseite.

Ein Bus mit strahlenden Scheinwerfern brummt draußen vorbei. Die Straße ist schmal, manchmal weicht ein entgegenkommendes Auto erschrocken in eine Lücke zwischen den Schneewehen aus.

Eine der älteren Bäckerinnen schiebt das Blech mit den unfertigen Brötchen in den Backofen. Eigentlich müsste ich mich in dieser sich dahin schleppenden Stunde sicher vor Tod und Bedrohung fühlen. Schließlich kann ich mir nicht vorstellen, wie sie in die Winterstille eindringen sollten. Freilich, das braucht es nicht, ich werde den Gefahren entgegen laufen; spätestens in einer Viertelstunde wird es mich hinaustreiben – die Börse rasch in die Gesäßtasche geschoben, die Zeitung schmal gefaltet in der Innentasche des plusterigen Mantels.

Schließlich hält es mich nicht länger hier. Das Auto mahlt sich durch den Schnee, stolz besiegt es knirschende Hindernisse. Das Schwimmbad, heute ebenfalls still und gedämpft, begrüßt mich mit schweigender Freundlichkeit, das Umkleiden beginnt. Der Duschraum ist leer, ich wärme mich als Einziger unter der Dusche auf. Als ich bedächtig ins Becken steige, weiß ich es: Ich bin nur auf Urlaub hier. Bisher davongekommen. D. tat es nicht, Freddy, Zweiundachtzig, auch nicht, der unvergessliche Fritz, Zweiundneunzig, der noch wenige Tage vor seinem Tod bedächtig seine Längen schwamm, er auch nicht. Wolfram, Vierundneunzig, kommt noch täglich, das müsste einem doch ein Gefühl der Sicherheit geben Aber die Welt bleibt unheimlich. D. kam ja auch täglich, aber er mochte nicht schwimmen, dafür ging er täglich in die Sauna. Nie lebensgefährlich lange, das war bekannt, aber manche meinten, es sei eher der Alkohol gewesen. Auch hier kommt mir ein sonderbarer Gedanke: Er starb auf seinem Balkon den Sekundentod, das beweist doch, dass Alkohol segensreich sein kann. Was ist schöner als ein rascher Tod!

Wie ich ohne Langeweile schwimme, habe ich mir schon einmal aufgeschrieben. Es gelingt mir auch meistens. Einfach nur ständig die eigene Position, den Rhythmus, den gefühlten Widerstand in den Armen, dies alles immer wieder kontrollieren, das lässt alles andere vergessen.

Aber heute brauche ich nicht einmal das zu tun. Fantasien nisten sich ein, sie machen sich selbstständig, nehmen sich Zeit, scheinen den Rhythmus zu genießen.

Zuerst fallen mir die Krankenbesuche der letzten Zeit ein, und eine Instanz in mir zieht eine peinlich klingende Bilanz: Diese Besuche sind eine der wenigen Aktivitäten, die ausdauernd das Gefühl hinterlassen, keine Zeit verloren, sondern sie im Gegenteil gewonnen zu haben. Und das Empfinden, soeben etwas von dem Kranken geschenkt bekommen zu haben. Klingt beängstigend moralisierend, denke ich, du Gutmensch. Gib doch zu, dass du auch froh bist, jedes Mal heil aus diesem Krankenhaus herauszugehen. Vielleicht bist du sogar stolz auf dein Rezept: Kraftgewinn durch den Besuch der Elenden.

Die nächste Fantasie taucht auf, während ich durch das Wasser schnaufe, am Beckenrand das Wasser wieder aus der Nase läuft, die Schwimmbrille vom Beschlag frei gewischt werden muss. Es ist der Gedanke an ein ewiges Leben. Die Prostata vergrößert sich ab einem bestimmten Alter nicht mehr, hat mir einmal ein Arzt gesagt – wie nun, wenn man eine Pille erfände, die den Alterungsprozess bei Sechsundvierzig stoppt?

Du stirbst nie! Alle wissen, dass sie niemals sterben, wenn nicht irgendwelche hässlichen Sachen, zum Beispiel Krieg, dazwischen kommen.

Was würden die Leute tun? Ich weiß es: Täglich wären die Zeitungen voll mit Berichten von Selbstmorden. Also: Es lebe der Tod.

Sechshundert Meter habe ich schon geschafft, da kommt noch eine Fantasie, nein, eine Revue von Fantasien, das soziale Diskussionsthema der letzten

Wochen. Es bohrt schon länger in mir, Demütigung regt mich auf:

Eine Putzfrau reinigt den Konferenzraum, die Gäste sind gegangen. Da steht ein Tablett mit den restlichen fünf Brötchen, darunter eines mit Mett und Zwiebeln, ihre Leibspeise. Sie kann nicht widerstehen, sie greift zu – aber vom Eingang aus hat ein Bereichsleiter sie beobachtet. Die geneigten Leser kennen die Folgen, die Frau wird entlassen.

So ergeht es auch einer Fabrikarbeiterin, die eine Klorolle mit nach Hause nimmt. Es ist zu spät zum Einkaufen, und die Rolle da ist so bequem zur Hand.

Die Beiden und viele andere erleben Ähnliches, sie werden davongejagt wie Landstreicher. Plötzlich sind sie noch ärmer als zuvor, verachtet, beschämt vor ihren Angehörigen und Nachbarn, vielleicht ohne Zukunft auf dem Arbeitsmarkt.

Und jetzt macht sich meine Fantasie einen Spaß. Sie zeigt mir Bilder, wie ein Prokurist ein Brötchen nimmt – die Gäste sind schon gegangen, wohlgemerkt. Keiner der anderen Herren beachtet es. Bei X., im mittleren Management, sagt Y. vom Vorstand:

»Da kann man nicht widerstehen, nicht wahr.«

»Schmeckt wunderbar«, sagt der Personal-Chef zur Buchhaltungsleiterin, »nehmen sie nur. Morgen schmecken sie nicht mehr.«

Da könnte noch mancher aus Schichten und Ständen vorbeitänzeln, jedem von ihnen könnte es anders ergehen als den Opfern, die entlassen werden.

Freilich sagt die Vernunft, man kann nicht alles durchgehen lassen. Richtig, sagt eine Instanz in meiner Fantasie, aber Davonjagen verstößt gegen die Menschenwürde. Es könnte ja auch einmal einer mit Abitur dabei sein.

Aber es gibt auch eine ausgleichende Gerechtigkeit, sagt die Instanz. Die Herren vom Vorstand werden vor Gericht gezerrt, wenn sie bestechen, um Aufträge hereinzuholen. Da hilft es nichts, wenn sie darauf hinweisen, dass man vor einigen Jahren Bestechungsgelder sogar von der Steuer absetzen konnte.

Ein
herrlicher Samstagmorgen

Der Samstagmorgen hat überhaupt nicht vielversprechend angefangen. Draußen ist es feucht, der Himmel verhangen, die Wälder, auf die ich während der Fahrt zur Bäckerei blicke, verkünden gelb und braun den Herbst. Die Bäume am Straßenrand beugen sich unter Windböen.

Und doch wird es nun nach und nach sehr lebendig.

An der Bäckerei angekommen, erlebe ich beim Aussteigen die erste Überraschung: Der alte, graustoppelige Mann, der sich immer so lauthals an die Öffentlichkeit wendet, will gerade abfahren und schwingt sich auf ein gelblackiertes Quad. So ein alter Mensch, denke ich, und der ist so waghalsig. Hat er keine Familie, keine Frau? So breit sind diese Dinger ja nicht, dass man nicht damit umfallen könnte. Und überhaupt – ich diskutiere kurz mit mir selbst über Verteilungsgerechtigkeit: Wieso hat er das und ich keines? Er hat nämlich außerdem ein Auto. Das Geld sollte man besser für die Kinder in Afrika einsetzen. Schluss jetzt mit der sozialen Frage! Das Altmännergesicht reckt sich freudig den kühlen Sonnenstrahlen entgegen, die inzwischen zaghaft zwischen den Wolken hindurch huschen. Auch das zählt in dieser Welt.

Und ich lobe ihn, behaupte, dies sei ein lustiges, wundervolles Fahrzeug, und ich sehe ihn dabei stolzer und stolzer werden. Es gebe nichts Schöneres, sagt er, als damit bei Sonnenschein über die Landstraßen zu fahren. Bestimmt hat er manchmal hohen Blutdruck oder gar Drehschwindel, denke ich. Er macht sich was vor, er ist eine Scheinpersönlichkeit.

Und seine Frau, sage ich harmlos, nicht wahr, die vertraue doch seiner Fahrkunst völlig, die mache sich doch wohl keine Sorgen, wie?

»Die? Die hat doch auch ein Quad, ein knallrotes. Wir fahren hintereinander durch die Gegend, bis hinauf nach Mecklenburg, da haben wir einen Hof geerbt.«

»Wie alt ist denn Ihre Frau?« frage ich fassungslos. Die sei etwas jünger als er, antwortet er, sie sei erst zweiundsiebzig.

Und rattert davon. Ich muss mir eingestehen, dass er nicht nur herumpoltert, sondern sich allerhand zutraut.

Drinnen am riesigen Dreieckstisch bestelle ich mir, weil heute ja ein besonderer Tag ist, nämlich Samstag, darum bestelle ich mir ein Brötchen mit heißem Leberkäs. Aber die Boulevardzeitung muss ich gleich wieder zusammenfalten, denn acht Muskelmänner drängen herein, umkränzen mich am Dreieckstisch.

»Am Samstag?« frage ich erstaunt und erfahre, dass irgendwo eine Rohrleitung defekt ist, da mussten sie ausrücken. Die schwarzgekleideten Rohrspezialisten umringen mich hoch ragend. Am höchsten, mehr als eine Haupteslänge größer als ich, ragt einer vor mir auf, aber der sieht gutmütig aus.

»Jetzt kriegen Sie sicher Angst«, sagt er, »wenn Sie von so einer Menge eingezwängt werden.«

»Nur vor Ihnen«, antworte ich, »weil Sie so gefährlich lang sind.«

Alle lachen, auch die Bäckerin. In diesem Augenblick bin ich eindeutig Sieger, ein Rentner, der furchtlos einer Horde kraftvoller Männer entgegen tritt. Das tut gut.

Als ich später draußen in mein altes Auto gleite, überprüfe ich kurz, ob ich dieses Siegergefühl zuhause durchhalten werde.

Es dürfte schwierig werden.

Morgen
mit Sauna

Heute treffe ich auf kein einziges bekanntes Gesicht in der Bäckerei. Sogar die Bäckerin ist eine neu eingestellte Aushilfskraft. Fast fühle ich mich wie ein Fremder, der nicht weiß, wo er hingehen soll.

Mein Blick schweift durch die offene Tür über den grauen Asphalt, über den Zeitungsständer mit den bunten Wochenmagazinen, in denen so selten ein Artikel steht, der Neues berichtet, oder eine neue Meinung äußert, oder wenigstens eine eigene, und fast nie eine, die man nicht hinterher mit einem Katergefühl beiseitelegen würde. Und dann stecken noch die anspruchsvolleren Blätter dazwischen, doch die reihen immer nur Meinungen aneinander. Wer etwas erfahren will, muss eben schon wissen, wo er es findet, wahrscheinlich aber nicht in diesen Blättern.

Freilich, überall sitzen da hinter den Redaktionsschreibtischen beflissene, fleißige Menschen, die damit ihr Brot verdienen – und darum ist jetzt Schluss mit deinen Weltbetrachtungen, denke ich, zumal du sowieso kein Rezept für eine bessere Welt hast.

Mein Blick lässt die bunte Blätterherde los, wandert durch die Türe, über die Dächer der Wohnhäuser hinauf zum grauen Himmel, durch die Wolkendecke, direkt bis zu dem Counter, wo Petrus gerade mit einem Neuankömmling verhandelt.

Der bringt vor, er habe noch gestern zwei Stadtstreichern einen Zehn-Euroschein zugesteckt, weil deren zusammengekratzte Münzen nicht für zwei Flaschen Bier reichten. Rührend sei das gewesen, sie seien an der Kasse des Fischgeschäfts gestanden, der eine wollte ja auch eine Frikadelle, der andere nicht, wegen der Magenschleimhaut, und dann hätten sie ihn bis zum Tisch begleitet, sein Tablett getragen, fröhlich, mit glänzenden Augen …

»Hör auf«, sagt Petrus. »Schau Dir den da an.«

Ein sanfter junger Mann im wallenden Gewand geht vorbei und öffnet seine Börse. Sie ist leer. »Der gibt immer alles«, sagt Petrus, »nicht etwa nur vom Überfluss.«

Aber danach sei die Börse leer, wendet der Neue ein, vielleicht für immer. Petrus wird unwirsch. Er solle mit der dummen Fragerei aufhören. Sonst …

So wird es dir mit deinen sämtlichen Wohltaten auch ergehen, denke ich.

Einige Kundinnen sind gekommen und haben Brötchen gekauft, aber niemand erscheint, den ich kenne. Ich beschließe, mich der Realität zu stellen und gehe zu meinem Auto. Schließlich bin ich schon oft in meinem Leben monatelang allein gewesen, ich weiß, wie es ist, und da werde ich auch so einen Morgen überstehen.

Aber mir fällt etwas Besseres ein, ich gehe in die Sauna. Allerdings läuft da nur eine Handvoll unbekannter Nackichter herum, die übliche Munterkeit fehlt. Auch die Sauna will heute kein Zuhause sein.

Ich gehe darum frustriert hinab ins Hallenbad, und sieh an, als ich nach einer Stunde zurück in die Sauna komme, haben sich doch schon mehr Leute eingefunden, auch leidlich bekannte.

Da ist eine tiefbraun gebrannte, nicht ganz junge, Dame. Die scharfen Markierungen der hell gebliebenen Körperstellen, die von den UV-Strahlen des Sonnenstudios nicht erreicht worden sind, fallen auf. Trauriger ist dagegen der Bericht von Frau L., die ihre chronisch kranke Tochter und deren Kind versorgt, hoffnungsfreudiger die Situation von Herrn B., der seine neuen Hörgeräte vorzeigt, die ihn praktisch von seiner Fast-Taubheit befreit haben.

Eine tiefe Stimme brummt mir ein »Hallo« entgegen – unser Opernsänger aus Köln ist gekommen, der wöchentlich seine alte Mutter und die Sauna besucht. Ich weiß nicht mehr, wie unser Gespräch begann – doch, ja, es ging um ein Wunderkind, ich kenne es, das schon mit Vierzehn Arien sang, aber jetzt als Erwachsene muss sie manchmal auf Engagements warten.

»Wissen Sie«, sagt mein Opernsänger, der übrigens aus Holland stammt, »das Einzige, was auf Dauer zählt, ist Qualität.«

Da kann ich nur zustimmen. Er redet weiter: »Ich habe junge Kollegen, die wollen gleich einen Meister in den »Meistersingern« darstellen, aber sie üben nur sporadisch. Wer Meister werden will, muss üben. Er muss mindestens drei Stunden am Tag bei einer Sache bleiben, er muss zehn Jahre daran arbeiten. Und das gilt für alle, auch die Hochbegabten. Manche sagen, aber der Mozart hat schon mit sechs Jahren komponiert – richtig – aber er musste erst Einundzwanzig werden, ehe er wirklich großartige Musik geschrieben hat. Arbeit, nichts als Arbeit. Und ein Sänger muss nicht nur hören, er muss auch spüren. Caruso war fast taub. Bei ihm waren die Eustachischen Röhren kaputt, er konnte sich selbst nicht singen hören, er konnte seine Stimme nur spüren. Aber das konnte er, das hat er geübt.«

Kann man sich merken, denke ich. Gut, dass ich kein Sänger geworden bin. Und habe ich freiwillig schon einmal ununterbrochen drei Stunden lang eine Sache betrieben? Na ja, vielleicht knapp, oder beinahe. Und nicht immer.

Am Mittag fahre ich zufriedener nach Hause. Sauna macht ohnehin glücklich, aber dazu noch Menschen – die reichen Leben und Lebenskraft einander zu. Wenn dieser alternde Sänger das Leben noch interessant und lebenswert findet, sollte ich es auch tun.

Sonntagmorgen
mit glücklicher Verkäuferin

Zunächst ist alles grau und diesig. Schließlich haben wir ja auch Dezember. Ich parke etwas entfernt von der Bäckerei und gehe durch die menschenleere Straße der Siedlung. Ich kenne viele solcher Augenblicke, und am deutlichsten stehen die vor mir, die ich in den Städten des ehemaligen Ostblocks erlebt habe – Zagreb, Bukarest, Sarajewo, überall dort, wo nicht genügend flinke, wache, fantasievolle, geldhungrige Händler etwas zu sagen hatten. Diese Welt wirkte wie gelähmt.

Aber auch uns steht eine ärmere Zeit bevor, und ich versetze mich jetzt in einige Menschen, die an solch einem Morgen das Haus verlassen und mit ein paar verbliebenen Münzen in der Hand zu ihrer Bäckerei gehen. Sie freuen sich auf ein Brötchen.

So kann es kommen. Ein Leben ohne sogenannte Perspektive:

Wir waren sie lange gewöhnt, diese Perspektiven. Jetzt fehlen sie, und eigentlich müssten wir das Leben wegwerfen, das uns keine Angebote mehr macht.

Aber das tun wir nicht. Es gibt noch ein Leben jenseits glitzernder Hoffnungen, das ist sich selbst genug, wenn es nur leben darf. Und ein paar Hoffnungen tauchen bei jedem auf, und sei es nur die, am Abend den Kopf im Kissen vergraben zu dürfen. Wir sind Narren der Hoffnung.

Jetzt bin ich in meiner Bäckerei am Dreieckstisch. Kaum habe ich mich in die Zeitung vertieft, kommt schon der bekannte, lärmende, aber gutmütige Alte herein. Gleich will er von mir wissen, was ich von dem künftigen Sonderbeitrag zur Krankenversicherung halte. Ich frage ihn, was er gewählt hat (wir hatten gerade Bundestagswahl) und er sagt stolz: »Die Linke«. Dann darf er dagegen sein.

Er beanstandet auch, dass Entschädigungen an die Opfer des deutschen Luftangriffs bei Kundus bezahlt werden, weder Engländer noch Amerikaner täten so was – da gibt es Hilferufe der älteren Bäckerin. Das beendet die Diskussion.

Die Bäckerin jammert, die Ersatzrolle gehe nicht in die Halterung der Kasse hinein. Ich versuche ihr zu helfen, aber ihre Finger schlängeln sich andauernd dazwischen, während ich werkele. Ich gebe auf. Zwei andere Neuangekommene scheitern auch an der Aufgabe.

Dann kommt ein schlanker Grauhaariger – »der war Prokurist«, sagt mein Nebenmann leise –, der es auch vergeblich versucht. Ich mache hämische Bemerkungen über seine technische Begabung, aber, als ich einmal zwei Minuten in die Zeitung geschaut habe, ist es tatsächlich gelungen. Der Prokurist hat entdeckt, dass es eine falsche Rolle war.

Zur Entspannung bin ich hier nicht gekommen. Ich fahre zu meinem nächsten Ziel, dem Schwimmbad. Hier ist heute von den Duschen zu berichten, die jetzt von älteren Männern, deren Badehosen an den Knien hängen, bevölkert sind. Es sind hervorquellende Bäuche zu sehen, ein schlauchartiger Nabel dabei. Ein schöner Anblick ist das nicht. Ich murmele etwas von Schönheitskonkurrenz, das hoffentlich keiner gehört hat. Den ganzen Vormittag plagt mich mein schlechtes Gewissen: Wenn mich einer gehört hätte!

Es gibt dann aber auch eine Art Strafe für meinen Übermut. Kurz danach, beim Ausparken auf dem Parkplatz des Supermarktes – vielleicht hat mich da gerade die Reue geplagt, spüre ich beim Zurückfahren Widerstand. Natürlich stoppe ich, drehe mich um und sehe, dass da ein Wagen gewartet hat.

Schicksalsbereit steige ich aus, schließlich geschieht es mir recht. Ein großer Kerl steigt aus seinem Ford, aber er scheint genau so gleichmütig wie ich zu sein. Ich glaube an seiner Sprache zu hören, dass er Ausländer ist. Wir beäugen die Flanke seines Autos und finden – nichts. Wir sind beide erleichtert. Anscheinend lässt mich der Himmel heute doch nicht fallen. Der Große fährt weiter.

Beschwingt gehe ich noch einmal zurück in den Supermarkt. Mir ist eingefallen, dass ich vergessen hatte, Obst zu kaufen. Die blonde Verkäuferin sehe ich schon seit Jahrzehnten hier. Auf meine Frage, wie lange sie schon hier sei, sagt sie, es seien fast dreißig Jahre. »Unglaublich«, sage ich. »Dabei sehen Sie aus wie fünfundzwanzig.«

Einen Menschen wenigstens habe ich heute glücklich gemacht. Ich kann es ihr ansehen.

Morgen
mit Liebeserlebnis

Diesen Erlebnisbericht werde ich, wenn ich ihn aufgeschrieben habe, erst längere Zeit ablagern lassen wie Whisky, der alt werden soll. Es geht nämlich um meinen Übermut, und ich habe sehr oft erfahren, wie hart er bestraft wird, wenn man sich ihm überlässt. Kurz darauf steht man erbärmlich und wie nackt da; das Leben hat uns rasch wieder gedemütigt. Das reichte bei mir schon von Blechschäden am Auto bis zu Schlimmerem; wie gesagt, ich lasse dies hier liegen, bis sich aller Übermut in diesem Bericht verdichtet hat zu totem Granulat, das am Boden des Whisky-Fasses liegt. Dann erst bin ich vielleicht vor Rache sicher.

Ich war heute Schwimmen in einem unserer hübsch renovierten Schwimmbäder. Alles verlief wie schon hundertmal gewohnt, die vielen Verrichtungen, die Routine von Duschen, Schwimmbrille bereitlegen, Utensilienablagerung am Beckenrand, das vorsichtige Hineinstaken ins Becken. Auch die üblichen Maßnahmen für kräftesparende Schwimmtechnik, mentale Disziplin gegen die Langeweile; die Zeit verstrich ohne Widerstand.

Rechts und links glitten sanft geschwungene Frauenkörper vorbei. Sie mussten sehen, wie bewundernde Blicke sie über und unter Wasser streiften, aber ihre Gesichter blieben unbewegt, konzentriert, die Blicke starr geradeaus gerichtet. Und mehr noch, ich meine, die Mädchen und Frauen bemerkten auch, wer sie ansah. Und dieses Sehen und Gesehenwerden ergab wahrscheinlich ein Spannungsnetz, das dieses Schwimmbad-Panorama für viele verdichtete.

Wieder angekleidet, verließ ich das Bad dicht hinter einem jungen Mädchen, wobei sich die Ausgangstüren auf Knopfdruck automatisch öffneten. Draußen schaute ich mir die Türen prüfend an. »Hier muss es wahrscheinlich auch einen Knopf geben«, sagte ich vor mich hin.

Das Mädchen hatte es gehört. »Wahrscheinlich ist es der hier« sagte sie. Ja, das musste er sein. Auf Druck würden sich die Eingangstüren öffnen.

Das Mädchen im Trainingsanzug war schlank, ein helles Gesicht, die Nase edel und schmal. »Sie sind hier bereits eine erfahrene Frau«, sagte ich lobend und doppeldeutig.

»Aber gottseidank«, antwortete sie bestätigend und doppeldeutig. Sie sah mich voll an. Ich nickte anerkennend, dann begaben wir uns zu unseren Autos. Da hörte ich sie rufen: »Sehen Sie sich das an!«

Neben ihrem war ein anderes Auto geparkt, aber so dicht, dass sie kaum einsteigen konnte. Wir berieten. Man müsse erwägen, sie hineinzuschieben, schlug ich vor. Das sei nicht nötig, sie werde von der anderen Seite hineinkriechen. Innen angekommen, blickte sie mich triumphierend an.

Von diesem Augenblick an begann ich mich zu fragen, warum sie so munter und unbefangen mit mir sprach. Noch lag mir die Erklärung fern, mein ungefährliches Alter könne der Grund sein. Ich sah ihr zu, wie sie aus der Parklücke fuhr, langsam um die Ecke auf die Straße lenkte und – da wandte sie sich noch einmal um und winkte mir zu. Ich winkte zurück.

In diesem Augenblick begann ich, mich für unwiderstehlich zu halten.

Aber auch der Verdacht auf Übermut und Selbstüberschätzung schwelte in mir. Es spricht für mich, dass ich ihn meiner Frau mitteilte, der ich von dem Vorkommnis berichtete. Schließlich war das Mädchen unwiederbringlich weg, Geheimhaltung war sinnlos.

»Was kann ich gegen Übermut und Selbstüberschätzung tun?« fragte ich meine Frau.

Sie überlegte einen Augenblick, dann sagte sie: »Es gibt nur einen Weg zur Heilung. Du musst sie treffen. Aber vergiss deine Tabletten nicht.«

Wie schon angedeutet, werde ich diese Geschichte längere Zeit für mich behalten. Aber andererseits: Was hat ein alter Mann schon zu verbergen. Irgendwann wird er sich sowieso vertreten lassen müssen.

Morgen
voller Leere

Ich habe ein stilles Haus verlassen – Frau beruflich unterwegs, Oma, Neunundneunzig, mit Tochter seit heute an der Nordsee. An der Haustüre verabschiedete sich Oma und sagte: »Jetzt, wo alle weg sind, wirst du wohl alles im Griff behalten können.«

Als ich mich der Bäckerei nähere, steigen gerade die Rohrleger in den Werkstattbus. Einen von ihnen, den nebenberuflichen Kampfsportlehrer, kann ich noch begrüßen. »Es geht so«, sagt er auf meine Frage, »außer, dass ich nicht schlafen konnte.«

Wieso?

Nun, das Kleinkind habe die ganze Nacht geschrieen, die Frau sei darüber eingeschlafen. Und das Kind, es wollte und wollte sich nicht hinlegen und schlafen. Immer wieder habe er es mit geschicktem Griff auf den Rücken gleiten lassen, und immer wieder sei es sekundenschnell aufgestanden, habe sich an die Brüstung des Kinderbetts geklammert und gekräht.

Ich könne mir das gut vorstellen, sagte ich, schließlich sei auch ich einmal junger Vater gewesen. Und wie habe er das Problem gelöst?

Er habe sich neben dem Bettchen flach auf den Teppich gelegt und sei schließlich eingeschlafen.

Aber da ging es schon auf den Morgen zu.

Das sei wirklich schlimm für ihn gewesen, sage ich mit heimlicher Schadenfreude. Gerade für ihn müsse es demütigend sein, wo er doch, wie er einmal gesagt habe, Kampfsport gelernt habe, damit ihn niemals jemand auf den Rücken legen könne. Und nun habe er doch flach dagelegen …

So sei es keineswegs, fiel er mir ins Wort. Seine Schüler kämen vielleicht manchmal mit diesem Bestreben zu ihm, aber er belehre sie schnell darüber, dass es immer und für jeden einen Besseren und Stärkeren gebe. Nein, ich sei es, der falsche Vorstellungen habe. Kampfsportler seien fast ausnahmslos sanfte und liebe Menschen. Sie wollten sich einfach nur verteidigen können.

Still ist es heute auch in dieser Wohnsiedlung am Waldrand, noch stiller in der Bäckerei, wo die Bäckerin, auf den bewährten Dreieckstisch gestützt, in der Zeitung liest. Ich komme eben heute etwas später als sonst, da ist der Haupt-Ansturm vorüber. Wir einigen uns kurz darauf, nicht über Politik und nicht über die Grässlichkeiten in der Zeitung zu reden. Die Bäckerin stimmt mit Überzeugung zu, wie sie überhaupt die Begabung hat, ihren Kunden das Gefühl zu geben, dass sie immer die richtige Meinung vertreten.

Die Stille und die Leere habe ich respektieren gelernt. Die Augenblicke der Rat- und Ziellosigkeit, des Alleinseins, des Verzichts auf das Telefon, sie gehören zu denen, an die ich mich am deutlichsten erinnere. Es sind die Augenblicke, die mich immer noch anlächeln, weil ich noch keinen Namen für sie gefunden habe. Und häufig hatten sie in ihrem Gefolge wichtige oder aufregende Ereignisse.

Den Ansturm, der jetzt plötzlich stattfindet, würde ich nicht zu den wichtigen Ereignissen rechnen. Er findet ja öfter statt.

Ich rede von dem Ansturm der Pollen von Bäumen und Pflanzen, die mich inzwischen aufgespürt haben. Vielleicht haben sie nicht mit dem Gegenangriff der Aggressorzellen gerechnet, die nunmehr rücksichtslos vorstürmen; wie ich las, in der Überzeugung, mir zu helfen. Das tun sie aber nicht. Statt dessen läuft die Nase, die Augen tränen, im Hals spüre ich ein Kratzen.

Aber sie haben nicht mit einer dritten Macht gerechnet, mit Frau Dr. Anke Kwaracxelia, die mir dies beigebracht hat:

Machtvolle, berauschende Klänge ertönen in meiner Vorstellung, es sind die aus »Freude, schöner Götterfunken«, eine euphorisierte friedliche Menge zieht über sanfte Wiesen herauf, seidene Fahnen schwenkend, blau und grün und violett. Das Herz wird weich, nicht nur meines, auch die Herzen der gepanzerten, reisigen T-Zellen schmelzen, ihre Streiter sinken schlafend zu Boden. Und, Einbildung hin oder her, der Heuschnupfen lässt nach. Dankbarkeit steigt in mir hoch.

Der nur scheinbar leere Morgen hält noch ein weiteres Geschenk bereit. Der selten auftauchende Wilfried kommt herein. Nach kurzer Aufwärmphase kommt auch hier ein offenes Gespräch zustande – ja, so ohne Probleme sei er nicht – ja, er hat es getan! Er hat seine Frau belogen. Er macht ein trauriges Gesicht.

»Ein reifer Mensch muss auch lügen können«, sage ich tröstend.

Die eigene Frau? Das glaube er aber nicht.

»Was war denn?« frage ich.

Nun, er hat ihr erzählt, dass er einen Unfall mit dem Auto hatte.

Und? Hat er etwa nicht?

Doch.

Und?

Nun, er hat gesagt, er sei schuld gewesen. Aber der andere war schuld.

Aber dann müsse der doch für den Schaden aufkommen.

Nein.

Wieso?

Es sei ein junger LKW-Fahrer gewesen. Und der habe gesagt, er sei erst zwei Monate in der neuen Firma, jetzt habe er Angst. »Verstehen Sie? Ein armer Teufel.«

»Ja, aber …«, sage ich unsicher.

Seine Frau achte eben mehr aufs Geld. Darum habe er nicht gesagt, dass er bezahle, obwohl der andere schuld sei.

»Das hat man selten, so Leute wie Sie«, sage ich nachdenklich.

Es gibt noch Märchen. Und das Märchenhafteste ist, dass diese Geschichte wahr ist.

Karl Otto Mühl wurde am 16.2.1923 in Nürnberg geboren. 1929 folgte der Umzug der Familie nach Wuppertal. Dort Ausbildung zum Industriekaufmann. 1941 Kriegsdienst in Afrika, Gefangenschaft in Ägypten, Südafrika, USA, England.
Im Februar 1947 Rückkehr nach Wuppertal, wo er sich der Künstlergruppe »Der Turm« anschließt, der auch Paul Pörtner angehört. Erste Kurzgeschichten werden 1947/48 veröffentlicht. Am Carl-Duisberg-Gymnasium holt er 1948 das Abitur nach, danach Werbe– und Verkaufsleiter in Maschinen- und Metallwarenfabriken. Erst in der Mitte der 60er Jahre gelingt es ihm wieder, kontinuierlich zu schreiben. Zwischen 1964 und 1969 entsteht der Roman »Siebenschläfer« (veröffentlicht 1975). Mit den Theaterstücken »Rheinpromenade«, »Kur in Bad Wiessee«, »Die Reise der alten Männer« gelingt ihm der Durchbruch.
Seitdem veröffentlichte Karl Otto Mühl dreizehn Theaterstücke, zahlreiche Fernsehfilme, Hörspiele und Romane.
Die Stadt Wuppertal verlieh ihm 1975 den Eduard-von-der-Heydt Preis.
Im NordPark Verlag erschienen bisher die Gedichtbände »Inmitten der Rätsel« und »Lass uns nie erwachen«, die Aphorismensammlung »Geklopfte Sprüche«, die Erzählung »Sandsturm. Die gezähmte Armee«, die Neuauflage des Romans »Siebenschläfer«, die Gedichte und Lieder aus dem Theaterstück »Das Privileg« und die Romane »Nackte Hunde«, »Hungrige Könige« und »Alte Soldaten«.

Karl Otto Mühl im NordPark Verlag

Nackte Hunde
Roman
2005; 208 S.; EUR 12,00; ISBN 978-3-935421-06-5
Die Verwandten des Gustav Lautner, Jahrgang 1923, sind durchschnittliche, einfache Bürger, Deutsche in einer Zeit, die das Deutschsein zu einem besonderen Schicksal machte. Gustav lebt seine Kindheit inmitten der Selbstverständlichkeiten jener Jahre zwischen naiven Träumereien und hintergründigen Mutmaßungen, doch mit einem Geheimnis, das ihn zum Außenseiter in seinem Land macht.

Siebenschläfer
Roman.
2002, 180 S., EUR 14,00, ISBN 978-3-935421-02-7
Rückkehr aus der Kriegsgefangenschaft, Währungsreform, beruflicher Erfolg, der Wunsch, sich im Leben einzurichten – tagebuchartig knapp, unprätentiös und äußerst präzise setzt sich hier ein Bild der Jahre 1947-1957 zusammen, geschrieben aus der Sicht eines mittleren Angestellten, der nachdenklich genug bleibt, um sich am Schluss der großen Karriere zu verweigern. Dieser Roman ist ein Zeitdokument und zugleich ein nach wie vor gültiges Werk der neueren deutschen Literatur.

Die alten Soldaten
Roman
2009; 216 S.; EUR 15,00; ISBN 978-3-935421-22-5
Sie haben sich eingerichtet im Leben danach, die alten Soldaten, doch nicht bei allen ist alles vorbei. Caspers bewegt sich durch ein gedämpftes Leben, eine unaufgeregte Karriere und durch die Erinnerungen, bis ihn in den späten 1960er Jahren Patrick, der Kommandant seines Kriegsgefangenenlagers, der zum Freund geworden ist, besucht.

Inmitten der Rätsel
Gedichte 1997-1999
84 S., 2001, 10,50 Euro
ISBN 978-3-935421-02-7
»›Der Horizont hinter den ich spähen möchte, ist mein Tod‹, ist auf der ersten Seite des ›Siebenschläfers‹ zu lesen, der Karl Otto Mühl 1975 auch als Romanautor bekannt gemacht hatte. […] Mehr als 25 Jahre später nun diese Sammlung von Gedichten. In ihnen ein Widerschein des Lebens und der Sehnsucht nach Leben, bevor Tod ist, Widerschein vom falschen Leben im Richtigen, vom richtigen Leben im Falschen,von Versäumnissen, Unzulänglichkeiten, Fehlern und Schuld.«
(Aus dem Vorwort von Jörg Aufenanger)

Lass uns nie erwachen
Gedichte
76 S, 2008, 10,50 Euro
ISBN 978-3-935421-21-8
Die Gedichte Karl Otto Mühls schauen auf ein lang gelebtes Leben zurück und lassen es aufleuchten in lakonisch knappen Versen, in denen kein Besserwissen, schon gar nicht Bitterkeit zu finden ist, sondern Nachsicht, Weichheit, Melancholie und die Trauer vieler Abschiede. Das ist ein Buch der leisen Töne, nicht der großen Worte. Es ist dem Alltag auf der Fährte, nicht der Sensation. Es ist persönlich und doch weit mehr.

Geklopfte Sprüche
64 S., 2008, Euro 7,90
ISBN: 978-3-935421-32-4
Karl Otto Mühls Sprüche sind wie Perlen der Weisheit, die mit der Gelassenheit des Alters und voller Demut, Würde und Witz die großen und kleinen Dinge eines Menschenlebens erhellt ...

Die Titel des NordPark-Verlages können über jede gute Buchhandlung bezogen werden.
Dort berät man Sie gern.
Sollte keine in Ihrer Nähe sein, schicken Sie Ihre Bestellung einfach an uns.

NordPark Verlag
Klingelholl 53
42281 Wuppertal

Telefon 0202/ 51 10 89
Fax: 0202/2988 959
e-mail:miersch@nordpark-verlag.de
www.nordpark-verlag.de